好口才
是设计出来的

知人心懂人性，谁都可以被设计

用最接地气的口才技巧扩大你的影响力

| 盛安之◎著 |

立信会计出版社
LIXIN ACCOUNTING PUBLISHING HOUSE

图书在版编目（CIP）数据

　　好口才是设计出来的 / 盛安之著. -- 上海:
立信会计出版社, 2015.6
　　（去梯言）
　　ISBN 978-7-5429-4553-2

　　Ⅰ.①好… Ⅱ.①盛… Ⅲ.①口才学－通俗读物
Ⅳ.①H019-49
　　中国版本图书馆CIP数据核字(2015)第055753号

策划编辑　　蔡伟莉
责任编辑　　陈　旻
封面设计　　久品轩

好口才是设计出来的

出版发行　立信会计出版社		
地　　址　上海市中山西路2230号	邮政编码	200235
电　　话　（021）64411389	传　真	（021）64411325
网　　址　www.lixinaph.com	电子邮箱	lxaph@sh163.net
网上书店　www.shlx.net	电　话	（021）64411071
经　　销　各地新华书店		

印　　刷　北京柯蓝博泰印务有限公司		
开　　本　720毫米×1000毫米	1/16	
印　　张　17.5	插　页	1
字　　数　230千字		
版　　次　2015年6月第1版		
印　　次　2018年6月第5次		
书　　号　ISBN 978-7-5429-4553-2/H		
定　　价　36.00元		

如有印订差错，请与本社联系调换

前　言

　　口才是一个人素养、能力和智慧的全面而综合的反映。良好的口才，不仅是表情达意的需要，还是传授知识、增进人际关系的需要。

　　美国著名教育专家卡耐基非常强调口才的重要性，他说："假如你的口才好……可以使人家喜欢你，可以结交好的朋友，可以开辟前程，使你获得满意的结果。譬如你是一个律师，你的口才便吸引了一切诉讼的当事人；你是一个店主，你的口才帮助你吸引顾客。""有许多人，因为他们善于辞令，因此而擢升了职位……有许多人因此而获得荣誉，获得了厚利。你不要以为这是小节，你的一生，有一大半的影响，是由于说话艺术。"

　　口才也是影响一个人事业成功、人际和睦、生活幸福的重要因素，几乎在每一个人的命运里都扮演着十分重要的角色。口才好，有可能改变你的命运。

　　所以，人不能仅仅满足于用口说话，而要善于说话，真正能言善语，生活会变得更加绚丽多彩。

　　有很多人认为，好口才是与生俱来的，能说会道似乎是一个人的天赋和能力。其实不然，口才既是一种生存技能，也是人际沟通的语言艺术和技巧。好口才并非是人天生就具备的本领，而是完全可以通过后天的训练和培养来获得。

　　因此，可以说，好口才是设计出来的。在生活中，我们不难发现，一个曾经不善言辞的人，经过口才训练，很有可能变成了侃侃而谈的健谈者；一个曾

1

经拙嘴笨舌的人，经过口才训练，变得能言善辩；一个发音不准或者乡音较重的人，经过口才训练，完全能够说得一口标准而流利的普通话；一个不擅长与人沟通、一开口就脸红甚至口吃的人，经过口才训练，变成了一位受人欢迎、语出惊人的演说家；等等。这样的例子在身边是很多的。

不会说话，并不可怕。经过后天的改造和训练，拥有好口才其实很简单。

本书是一本训练与提高沟通技巧和语言水平的普及读物。通过说话方式的设计、说话技巧的设计、交谈话题的设计、情感沟通的设计、肢体语言的设计、礼貌用语的设计、提升语言艺术和魅力的设计、出奇制胜的说服话术等内容，着重指出了生活常见场合中所运用的说话方法和技巧，帮助读者提高说话能力，拥有良好口才。掌握了书中所介绍的口才训练方法，相信你的爱情、事业和人际交往都会因丰富的语言艺术和卓越的表达能力而与众不同，生活也会因此而变得妙趣横生。

目　录

第3章　好听才是硬道理，说话就要避免语言雷区

第4章　巧妙设计好话题，跟谁都能说上话

第13章 说话到位，管理不累：卓越领导的说话艺术

第1章

练好说话基本功，语不惊人誓不休

口才的作用和影响力不言而喻。一个外交家拥有良好的口才，他在人际交往方面必定是左右逢源、受人欢迎的；一个职场人拥有良好的口才，他的事业会蒸蒸日上；一个生意人拥有良好的口才，他会凭借这一资本赢取更多的财富。然而，好口才并非与生俱来，而靠后天养成。正如美国著名的演说家戴普所说："世界上再没有什么比令人心悦诚服的交谈能力更能迅速获得成功与别人的钦佩了，这种能力，任何人都可以培养出来。"

会说话是本能，说好话是本领

我们每天都在说话，但是，有的人说起话来娓娓动听，使人听了全身的筋骨都感觉到舒服；有的人说起话来锋芒锐利，像是一柄利刃，令人感觉到十分恐惧；有的人说起话来，一开口就使人感觉到讨厌。所以，人的面貌各不相同，而所说的话和获得的效果也正像面貌一样各个不同。

说话是一件不容易的事。会说话是一种人的本能，而把话说好是一种高超的本领。"口齿伶俐""三寸不烂之舌"这种赞词，完全是对于会说话的人的称赞。话说得好，小则可以欢乐，大则可以兴国；话说得不好，小则可以招怨，大则可以丧身。

近代美国诗人弗洛斯特从说话的角度，把一般人巧妙地分成两类：第一类是满腹经纶，却说不出来的人；第二类是胸无点墨，却滔滔不绝的人。弗洛斯特的观察非常深入，我们在生活中经常看到一肚子学问而讷于言辞的人，也经常听见不学无术的人废话连篇。所以，交谈最根本的条件是：既要有充实而有价值的内涵，又要善于表达，使人听得痛快，而且回味无穷。所以"有话可说"实在不是件容易的事，要达到"言之有物"的境界，更要不断学习，力求充实自己。

在当今社会，社交场合交谈艺术已是处世的第一要诀，不可不细加研究。律师出身的美国参议员，也是美国最著名的演说家之——戴普曾经说过："世界上再没有什么比令人心悦诚服的交谈能力更能迅速获得成功与别人的钦佩了，这种能力，任何人都可以培养出来。"

的确，能够在交谈中把意思有效地表达出来的人，走到哪里都可以出人头地。他们不但可借口才引起旁人的重视，也比一般人拥有更多、更好的发展机会。一个人必须了解：如何探寻事物，如何说明事理，以及如何进行说服性的言谈，才能获得他人的支持和事业上的成功。

说话是一个人素养、能力和智慧的一种综合体现。具体地说，说话是在交谈、演讲和论辩等口语交际活动中，表达者根据特定的交际目的和任务，切合特定的言语交际环境，准确、得体、生动地运用连贯、标准的有声语言，并辅之以适当的体态语表情达意以取得圆满交际效果的口头表达能力。

根据口语交际的构成要素和口才的含义，说一个人会说话，应当具备以下几个条件。

1. 在交际中必须具有较强的口头表达能力

即能根据交际意图和目的，熟练地运用语言技巧来展开话语，同时应具有灵活机智的应变能力，即对应情况而说话。《论语·选进篇》中讲了这样一个故事：子路和冉有都问"闻斯行诸"，听到的事就马上做吗？孔子在回答子路时说："有父亲、哥哥在，应听听他们的，怎能听到了就做呢？"在回答冉有时又说："听到了就干起来。"这两个截然不同的回答，使在座的公西华大惑不解。孔子解释说："冉有胆量小，平时做事退缩，所以我说一听到了就干起来，是鼓励他，给他壮胆；子路胆量大得超过一般人，勇于作为，所以我说，有父亲、哥哥在，要压一压，使他有所退让。"这件事一向被用做孔子"因材施教"的例证，其实也是说话看对象、针对不同实际情况而选择不同说话内容的范例。

2. 在交际中始终具有明确的对象意识和语境意识

如果不顾场合，不看对象，夸夸其谈，滔滔不绝，这种"能说会道"的行为只会引起反感甚至厌恶，不能称之为有口才。荀子在《劝学》中曾明确指出："未可与言而言谓之傲（急躁），可与言而不言谓之隐，不观气色而言谓之瞽。""瞽"，就是瞎子。这说明讲话应随境而发，相机行事。

3. 在交际中必须具有较高的领悟能力和反馈能力

既能准确地接受和理解，又能作出恰当、必要的应付。这是与人交谈很关键的一条。在口语交际时，说话者不仅要表达，而且还要接受，即领悟对方话语或表情动作等体态语所蕴涵的意思，同时还要作出有针对性的反馈。

在美国外交家基辛格与前苏联驻美国大使多勃雷宁就越战问题进行的一次会谈上，正当发言时，尼克松总统打来电话，谈了几分钟之后，基辛格对多勃雷宁说："总统刚才在电话里对我说，关于越南问题，'列车刚刚开出车站'，现在正在轨道上行驶。"老练的多勃雷宁试图缓和一下气氛，接过话头说："我希望是架飞机而不是火车，因为飞机中途还能改变航向。"基辛格立即回答说："总统是非常注意措辞的，我相信他说一不二，他说的是火车。"在这段对话中，基辛格从坚持自己的立场和原则出发，不仅明确地理解多勃雷宁变"火车"为"飞机"的用意，而且采取"借言"的方式维护了自己的观点，显示出机智的外交家风采。

4. 说话内容的深浅要与对方的接受能力相宜

《论语·雍也篇》说："中人以上，可以语上也；中人以下，不可以语上也。"对中等水平的人可以讲说高深的道理，对中等以下水平的人就不可以讲说高深的道理，说话的内容超过或低于对方的接受能力都不会收到好效果。

5. 慎言

所谓"慎言"，就是不说过头话。做事情要勤劳敏捷，说话要谨慎讲究分寸，做不到的事情，压根就不说，如果在言与行实在无法一致的情况下，宁可多做事，少说话，也绝不能说多做少，言过其行。

好口才必备的4种素质

1. 思想素质

言为心声。不同的世界观、人生观、道德观、生死观、苦乐观、审美观，常常支配着人的话语品位。"良好的口才"与"巧舌如簧"是两个感情色彩不同的词语，后者有时候可以用来作为贬义词。我们说某人具有"良好的口才"，尽管是侧重于语言技巧上的赞美，但往往也包含着对其说话所表达出来的正确的观念、信念和人格品位的赞赏。

正确的观念、信念、人格品位，是良好的口才不可或缺的深层基础，当它们从"水面"下显露出来的时候，很可能形成语言的气势、强烈的感情色彩以及话语的针对性。语言的艺术性完全是受正确的观念、信念、人格品位支配的，其中，信念又显得特别重要，它是使精彩演讲如响箭呼啸前行的一股强劲的动力。当一个人将自己确信的观点、原则和理论当作行为动力的时候，信念往往首先从语言上呈现出来。中国前总理朱镕基曾经面对中外记者庄重地讲道："不管前面是地雷阵还是万丈深渊，我都将勇往直前，义无反顾，鞠躬尽瘁，死而后已。"这个伟大的承诺，给全国人民留下了极其深刻的印象，被广大人民称颂不已。

2. 道德素质

一个人说话的美丑优劣，与其道德素养是分不开的。人们在评论一个人的文章时常说"文如其人"。其实一个人在社会交往中的说话，更如其人。因此，说话在一定程度上代表着一个人的道德水准。

有两户人家紧邻而居，东家的人和乐相融，生活幸福美满；西家的人经常争吵，天天鸡犬不宁。这种情形引起了一位社会学专家的兴趣。

社会学专家问东家的人说："你们一家人为什么从不像西家人那样经常争吵，而能够和睦相处呢？"

"因为我们一家人都认为自己是做错事的坏人，所以能够互相忍让相安无事；而他们一家人都认为自己是好人，因此争论不休大打出手。"东家的人如此回答。

社会学家又问："这是怎么回事呢？"

东家人回答说："譬如有一个茶杯被打破了。在他们家自以为自己是好人的情况下打破杯子的人不肯认错，还理直气壮地大骂：'是谁把茶杯乱摆在这里的？'摆杯子的人也不甘示弱地反驳：'是我摆的，你为何不小心把它打破了？'彼此间不肯认错，不肯退让，僵持不下当然会吵架了。可是我们家，如果谁不小心打破茶杯，就会抱歉地说：'对不起，是我疏忽打破了杯子。'而放茶杯的人听到也会回答：'这不全怪你，是我不应该将茶杯放在那儿。'像这样坦白承认自己的过失，互相礼让，怎么会吵架呢？"社会学家点了点头。

说话不仅能体现出一个人的智慧，也能反映其素质和修养的高低。具有良好道德素质的人，说出的话也一定是文明优雅的。

3. 心理素质

一个人的心理素质虽无实体可触可摸，但却实实在在地决定着人的表达和反应。"心慌意乱，语无伦次"，说的就是这个道理。情绪紧张，不善于控制和调节情绪，易受周围环境干扰，就很可能使本来准备好了的话发生障碍。

第二次世界大战期间，荷兰被德军占领，荷兰流亡政府在伦敦设立总部。荷兰总理不会说英语，有一次会见丘吉尔时，他伸出手友好地说："Goodbye？"丘吉尔愣了一下，回答道："先生，我真希望所有政治性会见都如此简短而且切中要害。"这里，表现了丘吉尔反应的迅速和善意的幽默，同时也看出了荷兰流亡政府总理的心情有一点紧张。

香港凤凰卫视的著名节目主持人窦文涛，上初中时还很腼腆，曾被人误认为是女孩子，而且还有点结巴。后来经过刻苦练习，长大后居然成为著名主持人。他在《凤凰周刊》试刊号的一篇文章中说："人要珍惜每一个当众出丑的机会。我在上初中的时候，教师让我参加演讲比赛，写了演讲稿，也倒背如流了，我让家里的人说任何一个自然段的头一个字，我刷刷地就把下面的给背出来了。上台的时候，底下黑压压的一片，我背了第一段，就想第二段开头的字，背完了第二段，我的大脑一片空白，冲着全校师生沉默了足有1分钟，吓得尿裤子了，全校师生目睹我跑出校门。后来我回学校总觉得旁边有女生笑我。老师对我说：'虽然你没有讲完，在学校没有名次，但是你朗诵的那两段挺好的。你不要紧张，能背下来肯定能得一个名次，我推荐你去区里参加比赛。'我这次答应得比上次痛快，好像觉得无所谓了，结果背下来真得了一个名次。从此之后我就有自信了……卸下这个负担后，我觉得自己还行，也能经常在这种场合露露脸。再往后，我就慢慢总结出一个道理，只要在大庭广众之下讲话，就要设法进入一个心理上的自由王国和无我的状态。"

4. 艺术素质

如果说思想素质在"水面"以下，那么艺术素质则是直接露在"水面"上的一种素质。一个人说话的好坏，首要因素就是发音，这也是说好话的一个基本条件。一些演讲者的语言特色大多都是发音清晰洪亮、吐字清楚、声音美妙动人的。

我国老一辈舞蹈表演艺术家彭清一曾多次受到毛泽东、周恩来等党和国家领导人的接见。有一次，他排完大型音乐舞蹈史诗《中国革命之歌》后，给青年演员做示范动作时，不幸摔伤左腿。从此，他由舞台走上了讲台，开始了自己的演讲艺术生涯。彭清一认为，演讲必须讲求艺术美，"入脑入心首先要入耳"。如果一味地宣讲大道理人们不愿听，必须要有较高的艺术性，才能打动听众。

"我在演讲时，根据报告的内容和听众的情绪，不时插入一段舞蹈动作，或引吭高歌，或朗诵几句古诗，把声音与态势有机地结合起来，使会场的气氛热烈起来，能使听众消除疲劳，在听众兴奋过后，再引发出一段道理，听众就容易接受。"面对众多喜爱他的听众，他讲出了自己的心里话。彭清一在全国的许多讲台上为国家干部、企业职工、大学师生进行演讲，听众达200万人次。他还被请到中南海给领导人演讲。

演讲吸引听众，因素是多方面的，但其艺术素质起着最主要的作用。与彭清一同样追求语言的艺术性的还有我国著名美学家张道一教授，虽然年过古稀，但音色仍然浑厚、圆纯如男中音。有一年，在江苏省美学学会年会的开幕式上，他的声音如乐声在会场内震响。其中有这样两句特别耐人寻味："牛郎织女每年相逢一次，那是为了爱情，我们每年相逢一次，则是为了美学。"话语充满感情而又具有对仗、错综美，再加上音色非常好听，引来台下长久不息的掌声。

改掉不良的说话习惯

如果一个人的脸上长有疤痕，可以从镜中窥见，可以使用化妆品或药品加以治疗弥补。同样，谈吐方面的缺陷也可以改变，只要治疗之前，自己能够清醒地认识到自己的这些缺陷。如果不清楚自己说话的缺陷，也可以试着拿一面镜子对照自己说话的姿态：是否手势过多，是否翘起嘴角，是否表情难看，是否过于冷漠、紧张、僵硬，是否强抑声调……

以下几点是我们说话中常有的缺陷，我们可以对照检查，并加以改正。

1. 鼻音过重

用鼻音说话是一种常见且影响极坏的缺点，当你使用鼻腔说话时，就会发出鼻音。如果你用大拇指和食指捏住鼻子，你所发出的声音就是一种鼻音。如果你说话时嘴巴张得不够，声音也会从鼻腔而出。在电影里，鼻音是一种表演技巧，如果演员扮演的是一种喜欢抱怨、脾气不好的角色，他们往往爱用鼻音说话。如果你使用鼻音说话，鼻音对于女人的伤害比对男人更大，你不可能见到一位不断发出鼻音，却显得迷人的女子。如果你期望自己在他人面前具有极大的说服力，或者令人心荡神驰，那么你最好不要使用鼻音，而应使用胸腔发音。正确的方法是，平时说话时，上下齿之间最好保持半寸的距离。

2. 声音尖细

一个人受到惊吓或大发脾气时，往往会提高嗓门，发出刺耳的尖叫。一般女性犯此错误居多，要多加注意。因为尖锐的声音比沉重的鼻音更加难听。你可以用镜子检查自己有无这一缺点：脖子是否感到紧张？血管和肌肉是否像绳索一样凸出？下颚附近的肌肉是否看起来明显紧张？如果出现上述情形，你可能会发出刺耳的尖声。这时你就要当机立断，尽快让自己松弛下来，同时压低自己的嗓门。

3. 语速不均

一般来讲，说话的速度很难掌握，即使是一些职业演说家或政治家，有时也不容易把握好自己说话的速度。说话太快，别人就听不懂你在说些什么，而且听得喘不过气来。说话太慢，人们就会根本不听你说，因为他们缺乏一种耐心。据专家研究，适当的说话速度为每分钟120～160个字之间，当我们朗读时，其速度要比说话快。而且说话的速度不宜固定，你的思想、情绪和说话的内容会影响你表达的快慢。说话中把握适度的停顿和速度变化，会给你的讲话增添丰富的效果。

为了测量自己说话的速度，你可以按照正常说话的速度念上一段演讲词，然后用秒表测出自己朗读的时间。如果你说话的速度每分钟不到上面那个标准，就可以试着调整说话速度，看是否会收到良好的效果。

4. 声音沙哑

如果不是因为感冒、抽烟和其他疾病，声音沙哑是不适当的呼吸造成的，说话时气流作用于声带强度过大，使声带很疲劳，声音就会沙哑。沙哑的声音有时会产生好听的效果，但终非长久计，须想办法调整。

5. 含糊不清或低语

有的人说话时嘴里像含了一个什么东西一样含糊不清，说出来的话就像黏在一起，有时整个字词都省掉了，这种人说话时嘴唇好像不大动，我们常常把这种咬字不清、发音低浊、语言含糊的说话者称为嗫嚅者。

低语即丧失了大部分语调和共鸣的声音。我们可将手指放在自己喉头上，以正常音量说一两句话，要完全没有颤动感，没有嗡嗡声，就是在用低语说话。无人时的自言自语，佛前祈祷都是低语的。但用低语说话，常会将语句中整个音节省略，听起来使人昏昏欲睡。

6. 单调乏味

说话声音单调乏味，像机器人说话，没有音调的变化，没有感情色彩。正常的声音包括12～20个音符的音阶，说话单调的音符大概不超过5个。

7. 口头禅过多

日常生活中，人们听到这样的口头禅，如"那个""你知道不""是不是""对不对""嗯"等。如果一个人在说话中反复不断地使用这些词语，一定会损失自己说话的形象。口头禅的种类繁多，即使是一些伟大的政治家在电视访谈中也会出现这种毛病。

当然谈话中"啊""呃"等声音过多，也是一种口头禅的表现，著名演说家奥利佛·霍姆斯说："切勿在谈话中散布那些可怕的'呃'音。"如果你有录音机，不妨将自己打电话时的声音录下来，听听自己是否有这一毛病。一旦弄清了自己的毛病，那么以后在与人讲话的过程中就要时时提醒自己注意这一点。

下面介绍几种克服口头禅的方法以供参考。

默讲。出现口头禅的原因之一，是对所讲的内容不熟悉，讲了上句，忘了下句，此时就要用口头禅来获得一点思考的时间，以便想起下句话。事前默讲几遍，对内容、措辞十分熟悉，正式讲话时就能减少或不出现口头禅了。

朗读。克服口头禅的朗读法，就是将自己的口语，从不清楚变为清楚、流利的语言。如果内部语言流畅贯通，就不会出现口头禅。出声朗读老舍、叶圣陶等语言大师的作品，有助于用规范的语言来改善自己不规范的语言。

耳听。广播员、演员的语言，一般都较为规范，没有口头禅。平时听广播、看电影时，可边听边轻声跟着说。久而久之，你会惊喜地发现：自己的口语精练了，口头禅少了，连普通话水平也提高了。

练习。听听自己的讲话录音，会对自己讲话中的口头禅深恶痛绝。这样，往往能使自己讲话时十分警惕，口头禅也会随之变少。

慢语。在一段时间内，尽量讲慢些，养成从容不迫地思维和说话的习惯，一句句想，一句句说，对克服口头禅有很好的效果。

8. 讲粗话

讲粗话是说话的恶习。俗话说，习惯成自然。随便什么事情，只要成了习惯，就会自然地发生。讲粗话也是如此，一个人一旦养成了讲粗话的习惯，往往是出口不雅，自己还意识不到。讲粗话是一种坏习惯，是极不文明的表现，但要克服这种习惯也并不是一件易事。比较有效的办法是，找出自己出现频率最高的粗话，集中力量首先改掉它。首先是改变讲话频率，每句话末停顿一下；其次讲话前提醒自己，改变原有的条件反射。出现频率最高的粗话改掉了，其他粗话的克服也就不难了。

请别人督促也很重要。当然，这里的"别人"最好是了解自己的人，这样督促起来可以直截了当。由于有时自己讲了粗话还不知道，请别人督促就能起到提醒、检查的作用。督促还有另一层心理意义，那就是造成一种不利于原有条件反射自然发生的外界环境，以促进旧习惯的终止。

9. 结巴

"结巴"是口吃的通称。对于极个别的人来说是一种习惯性的语言缺陷，是一种病态反应，他们也被称为口吃患者。口吃就是说话时字音重复或词句中断的现象，要想治愈说话"结巴"的毛病，除药物治疗外，更重要的是去除心理障碍。日本前首相田中角荣少年时代就是口吃患者，为了克服这个缺陷，他常常朗诵课文，为了发音准确，就对着镜子纠正嘴形，后来他成了一个著名的政治家、演说家。有口吃的人不妨试一试这个方法，坚持朗读文章，只要坚持不懈并保持良好的心态，相信一定会产生好的效果。

10. 边说话边做小动作

说话时动作不要过于频繁。可以检查一下自己，是否在说话时不断出现以下动作：坐立不安、蹙眉、扬眉、歪嘴、拉耳朵、摸下巴、搔头皮、转动铅笔、拉领带、弄指头、摇腿等。这都是一些影响你说话效果的不良因素。当你说话时，动作过于频繁，听者就会被你的这些动作所吸引，根本不可能认真听你讲话。

培养自己的说话风格

培养自己讲话的风格，使其独树一帜，对你的讲话将起到意想不到的效果。

一个人说话有自己的风格，说话才容易吸引别人，并产生应有的魅力。同样，如果你想成为说话高手，那么，你的说话风格必须有某种独特的地方，以便引起人们的注意，或者使人们容易记住你。你可以利用自己的长相，或身体某种特殊之处，来引起别人注意，但这只能是暂时的，也是远远不够的，它只能帮助你引起人们的注意，而不能真正吸引人们。除非你有伟大人物的那种超凡的魅力，否则你必须培养自己说话的风格，这才是使你让别人信服和不忘的最好方法。

美国的依阿华州锡格尼市的凯欧库克旅馆是方圆几十里的流动推销员最爱去的地方，他们不管远近都想到那里去投宿。为什么呢？因为那里的店老板，人称"快乐的韦勒"，是一位笑口常开的人。他对谁都能说上几句好听的话，自从人们认识他这么多年以来，从来没有听到他对谁说过一句不顺耳的话。韦勒有他与众不同的地方，说话有他自己独特的风格。后来他成功了，成为当地有名的富翁。

记住你谈话的风格，你与别人交谈的方式，都能为你的名声和你的成功做出重大的贡献。如果你对下级讲话趾高气扬，甚至有鄙视的口吻，那下级就会怨恨你。如果你对上级讲话过于谦恭，他们就可能认为你缺乏能力或者没有骨气，不敢委你以重任。你讲话的风格，不仅仅是你使用词汇的问题，而且是你使用词汇的方式方法的问题，从中也能反映出你的态度和修养。因此，要想树立自己的讲话风格，说话就不能忽左忽右变化无常，更不要试图去模仿别人，表现出不属于自己风格或不适合自己风格的东西。虽然学习别人是件好事，但不要故意去模仿别人的风格或者说话的口吻。这种道理很简单，不用多解释谁都会明白，谁都不想遇到一个装腔作势的谈话者。学别人说话，就像那种喝了大量酒的人，他隐瞒不了自己喝了酒的事实，因为人们一闻就明白了，"他把自己当成了别人"。

在谈话的时候，表现出自己自然的风格是上策，但要努力发展你自己的独特风格，而不是去发展别人的独特风格。有些人，当他们与别人谈话时，认为自己有必要装腔作势，或者戴上一副假面具；有些人试图表现得很友善，有的时候甚至表现出媚态；有些人急功近利，就像做电视商业广告一样。这些人的失误在于他们表现的都不是他们自己的本色，自然得不到别人的信服。要有自己的个性，你看到的我是什么样，我就是什么样，不管你喜欢不喜欢，但你总会相信同你谈话的那个人是真实的，不是假冒的。无论对也好，错也好，都要真诚地对待每一个人。因此，只要把握好说话的分寸、原则，总会受到别人的喜欢，从而慢慢养成自己说话的风格，因为你用真诚的自我与别人交流，你用自己的风格和别人说话。

改变说话方式6要素

有些人说话虽然在内容上不占优势，但他的说话方式却会给人一种非常迷人、令人舒服的感觉。毕竟说话者有其本性，每一次对话会因为说话技巧的不同而有各种不同的回响、反应。那么，使对方愿意听我们说话并把他步步引入对话的绝佳境地有什么技巧呢？

1. 风格明快

生活中大多数人不喜欢晦暗的事物，即使草木也需要阳光才能生长。同样，给人阴沉感的谈话，会让人有疑虑感、厌恶感及压迫感。反之，说话简洁明快，则容易让人接受。

2. 声音独特

有的人说话的声音给人一种享受，因为他（她）的嗓音实在是很动人。他们（她们）谈话时，非常注意说话的声音，而选择说话的声音，完全依靠他们（她们）的天赋、个性及所要表达的情感而变化。有条件的话，可把自己的话录下来再仔细地听，你可能会吃惊地发现，自己说话竟有那么多毛病。这样经常检查，发音的技巧就会不断提高。

3. 语气肯定

每个人都有自尊心，很容易因为某些微不足道的事就感到自尊心受损。如此一来，你若稍不注意说话的方式方法，他（她）会立即反射性地表现出拒绝的态度。所以要让对方听你说话，首先得先倾听对方要表达些什么。所谓"说话语气肯定"并不是指肯定对方说话的内容，而是指留心对方容易受伤害的感受。

4. 语调自然

自然的声音总是悦耳的，在交谈中我们应该注意，交谈不是演话剧，无论你是什么样的语调，都应自然流畅，做作的声音只能事与愿违。当你交谈的对象不是一个人，而是许多人时，应采用以下的技巧：当前一个人声音很大时，你开始说话时就可以压低声音，做到低、小、稳；当前一个人音量较小时，你的开始句就要略提高嗓门，清脆响亮，以引起大家的注意。

5. 习惯用法

人类生存在当今的语言环境中，对于语言拥有自己的运用标准，一旦不符合标准，就会产生不协调的感觉，其中包括语气与措辞。在人际关系中，确实有必要根据实际情况或对方是谁而分别使用适当的语言。如果不分亲疏远近，一律以和同事谈话时的措辞来谈，那么对方将不会老老实实地听我们说话。

"太好了！""好棒哟！""真可怕！"这些都是一般女孩子说话时常会冒出来的感叹词。当然，这也是一种感情洋溢的表现。一句话若没有抑扬顿挫，则流于平淡，引不起对方的兴趣，若能添一些感叹词，则能增加彼此之间的谈话的气氛，但要适可而止，过多的感叹词，亦会抹杀言词的重要性，使对方不能分辨你的意思。

6. 思路清晰

当之前的谈话争论不休，而且没有头绪时，你站出来讲话，就要力求语句简短，声音果断，有条理。

在大众场合发言时，你要想清楚自己应讲什么，怎么讲，讲到什么程度。再者，最好不要夹在中间，要么赶在前面，要么最后再讲，这样才能使人印象深刻。

把握说话的节奏

说话不仅可以表现一个人的内在形象，更可以体现出一个人的内在修养。

那些讲话磕磕绊绊没有任何节奏感的人，很少能够打动我们，这样的人，几乎说不出什么值得我们去注意的东西。只有懂得控制说话的节奏、思路清晰的人，才会有活跃的思维。

掌握好节奏的最高境界是说话自然流利。

当然，恰当的停顿不属于不流利，因为我们经常利用停顿展开新的思路，或者从一个要点过渡到另一个要点，或者重复某个词以期给听众留下更深一层的印象。

磕绊的次数是可以数出来的，这也是熬过听那些令人生厌的讲话的有趣方法。在大多无味的讲话中都会磕绊。在你自己的讲话中，请别人统计一下，你发生磕绊的次数，具有很大的实际价值。

很少有人能够在即兴讲话中不出现磕绊情况。我们发现最多达到每分钟30处，有许多的教授也有20处之多。

那么，如何提高说话的流利水平呢？

1. 注意句读的停顿与连接

说话中的停顿与连接是为表达语句的意义和层次、思想和情感服务的，并不完全受标点符号的制约。没有标点符号的地方，有时需要停顿；有标点符号的地方，有时则要连接。这一点应该牢记，但也不能死搬硬套。

停顿与连接在说话中起着重要的表情达意的作用，主要意义在于以下六点：

（1）保证语意清晰明确，不使听者产生误会。

（2）强调重点，加深印象。

（3）并列分合，使内容完整。

（4）造成转折呼应。

（5）体现思考判断，给听众的领悟提供依据和时间。

（6）造成意境，令人回味想象。

2. 强调字词的重音

重音可分为语法重音和强调重音。语法重音是显示语句语法结构的，位置比较固定，有一定的规律。强调重音可分为逻辑重音和感情重音。感情重音强调某种特殊的感情，如表露喜怒好恶等所使用的重音。逻辑重音是能突出语句目的、体现逻辑关系、点染感情色彩的关键词句，其具体表现较为复杂，应根据内容予以区分并把握。重音需在非重音的环境中存在并采取适当的方法加以突出，二者必须有机地衔接和过渡，做到和谐统一。

在表达时，重音一般是重读，但也可根据不同的言语环境选择相应的语音变化来突出重音，如压抑气息、用轻声或低声表达，用短促有力的声音表达，用拖长的声音表达等，都可以显示重音并实现言语目的。

在言语交锋中，有时可以利用重音技巧摆脱对方所设计的圈套，取得有利地位，同时也陷对方于尴尬境地。例如：

一天，林肯低着头在擦自己的靴子，有位外国外交官看见，便嘲讽道："喂，总统先生，你经常擦自己的靴子吗？"

"是啊，"林肯答道，"你是擦谁的靴子呢？"

林肯一句话就转移了对方说话的重音，使自己脱离被嘲弄的境地，而陷对方于尴尬之中。

3. 调整语速的快慢

快慢指的是说话的速度变化。在这里，快和慢是相对来讲的。

说话速度的快慢，与交际目的、表达内容、环境气氛、心境情绪有关。一般说来，说明叙述时，语速稍快；抒情议论时，语速稍慢。紧张热烈时，语速稍快；在幽静庄重或沉闷凄凉的气氛中，语速稍慢。心情激动时，语速较快；心情平静或忧伤时，语速较慢。说话速度的快慢还与人物的年龄、身份、性格有关。一般来说，年轻人说话语速较快，老年人则相对慢些；地位较低或身份一般的人说话要快些，职位较高或身份显赫的人则相对慢些；活泼开朗、机智勇敢或鲁莽急躁、狡猾奸诈的人说话要快些，憨厚老成、沉着镇静或愚钝迟缓的人说话就慢些。

语速变化是表情达意的一种重要手段。速度快，会使人感到急促、紧张；速度慢，会使人感到安闲、平静。恰当地运用语速的变化并结合其他言语技巧，可以渲染场景，烘托气氛，增强言语的节奏和气势，产生巨大的艺术感染力。

4. 注意音调的升降

人在说话时，声带拉紧声音就升高；声带放松，声音就降低。语调的这种高低抑扬变化，就是升降。人在说话中，同一语句的高低升降变化不同，所表达的思想感情和内容也就不同。试体会一下"我怕你"这句话因高低升降不同所产生的不同感情与内容。

语调的升降变化贯穿于整个语句，但在句末表现得最明显。它可分为高升、降抑、平直和曲折四种类型。

高升调句子语势逐渐由低到高。一般表示惊讶、疑问、反诘、呼唤、号召等。例如：

冬天来了，春天还会远吗？（表反诘）

我们一定要把经济搞上去？（表号召）

降抑调句子语势先高后低，逐渐下降，句末低而短。一般表示肯定、恳求、感叹、自信、允许、祝愿等。例如：

我相信我们一定能成功。↓（表示肯定自信）

你瞧，多美的彩虹啊？↓（表赞叹）

平直调整个句子语势平稳舒缓，没有明显的高低升降变化。一般用来叙述、说明、解释，表示庄重、严肃、冷淡、迟疑、悼念等。例如：

他是一个很不错的人，心地善良，乐于助人。→（表叙述）

一根火柴可以毁掉整个森林。→（表严肃）

曲折调全句语势曲折变化，或先升后降，或先降后升，句末尾音特别加重、拖长并造成曲折。一般用来表示夸张、讽刺、幽默、嘲弄等。例如：

是很好，好得连说谎都有人谅解。（表嘲弄）

你是一个人，一个脱离了低级趣味的人。（表讽刺）

5. 迅速地讲话

当你迅速讲话时，你的心理便能更快地发挥功能，就像阅读一样，如果你能集中力量快速阅读，那么，在你只用于读一本书的时间内，你就能读两本书，并且获得更透彻的理解。

掌握好说话的节奏，使说话就像琴弦一样有张力，像流水一样缓缓东流。对此，我们应去积极地学习。

让说话的声音变甜美

嗓音是决定一个人说话效果的关键，善于运用嗓音的人，说话显得精力充沛，富有吸引力。悦耳的嗓音就像音乐一样会给人带来愉快的情绪。如果一位女性，她的声音清脆圆润，那不管她到什么地方，只要一开口说话，所有的人都会洗耳恭听，因为他们无法抗拒如此富于魅力的声音。那种真诚、爽朗、充满生命活力的声音就像从干裂的地面喷出的一股清泉，就像从静寂的山谷涌出的一道急流，在每个人的心头涓涓而流，恰似生命中最美的音符。即便这位女士的相貌相当普通，但因她的声音所带来的魅力是不可阻挡的，她高雅的素养和迷人的个性无疑会给人们带来最美好的享受。

那么，优美声音有没有标准呢？回答是肯定的。我们根据国内外口才专家的建议，总结出以下几条，以供参考。

1. 语调与所谈及的内容相互配合

语调能反映出一个人说话时的内心世界，表露其情感和态度。当你生气、惊愕、怀疑、激动时，你表现出的语调也一定不自然。从你的语调中，人们可以感到你是一个令人信服、幽默、可亲可近的人，还是一个呆板保守、具有挑衅性、好阿谀奉承或阴险狡猾的人。你的语调同样也能反映出你是一个优柔寡断、自卑、充满敌意的人，还是一个诚实、自信、坦率以及尊重他人的人。

不管你谈论什么样的话题，都应保持说话的语调与所谈及的内容相互配合，并且能恰当地表明你对某一话题的态度。要做到这一点，你还应做到以下几点：

（1）向他人及时、准确地传递信息。

（2）得体地劝说他人。

（3）倡导他人实施某一行动要有力度。

（4）说话果敢，不拖泥带水。

2. 节奏抑扬顿挫，才能打动人心

与口才出色的人谈话简直是一种艺术的享受。他们说话时，抑扬顿挫，引人入胜，就像一个出色的钢琴家，将语言的节奏当作钢琴的琴键而随意指挥，弹奏出一曲动人心弦的"高山流水"。他们对语言节奏的掌握可谓随心所欲。

语言的节奏，大致可分为高亢型、低沉型、凝重型、轻快型、紧张型和舒缓型，若能有效地掌握，便能起到打动人心的效果。

3. 发音精准而清晰

发音是说话的关键，我们所说出的每一个词、每一句话都是由一个个最基本的语音单位组成，然后再加上适当的重音和语调。正确恰当的发音，将有助于你准确地表达自己的思想，使你心想事成。只有清晰地发出每一个音节，才能清楚明白地表达出自己的思想，才能自信地面对你的谈话对手，达到你想拥有的谈话效果。

4. 控制好音量

说话应适当控制音量，当你内心紧张时往往发出的声音又尖又高。当你意志消沉时，说话往往会让人觉得有气无力。彼得是一家大型金融机构的投资研

究部经理。在平时的工作中，他总是表现得异常活跃和激动，为了让大家听到他所说的话，他总是大声叫喊。每当他打电话时，隔几个办公室也能听清他所说的每一句话，同事们对他的这些行为很反感。

其实，语言的威慑力和影响力与声音的高低是两回事。大喊大叫不一定能说服和压制他人。声音过大只能迫使他人不愿听你讲话。这与音调一样，我们每个人说话的声音大小也有其范围，你可以试着发出各种音量大小不同的声音，并仔细听听，找到一种最为合适的声音。

5. 用声音表达情感

声音是感情的外部体现，声音与感情之间有一定的对应关系。当人心情愉快时，声音是明朗的，而抑郁不欢时，声音就较黯淡。若没有这种对应关系，就不可能用声音传递情感信息，也就无法引起对方情感上的共鸣。如果失去了感情的运动变化，声音便没有内在依据，声音也就失去了活力，成了空洞僵滞的东西。感情的变化丰富细致，因而与它相适应的声音的变化也必须是生动丰富的。响亮而生机勃勃的声音给人以充满活力与生命力之感。当你向某人传递信息、劝说他人时，这一点有着重大的影响力。当你讲话时，你的发音、音调、音量、情绪、表情同你说话的内容一样，会极大地带动和感染你的听众。

带着自信来说话

通常失败感和沮丧感是由于受到打击或害怕承担风险所导致。而人性中普遍存在着冒险的"动力"本能，在正确发挥作用时，它能驱使我们信赖自己，并利于我们发挥自己的创造潜力。在我们有信心有勇气地行动时，它才有机会发挥出来。因此，那些拒绝创造性的生活，拒绝勇敢的行动，使这种自然本能遭受挫折的人，过去无一不是整天无所事事的。有的人不能坦率地面对自己的弱点，所以，不愿意亲自尝试的人只好拿别人的东西当赌注；不愿意勇敢行动的人则往往靠酒来壮胆。此时，唤醒自信和勇气是人的自然本能。记住，当你认同自己的专业能力、聪明智慧时，别人也会以同样的态度对待你、相信你。

1. 语气坚定

大部分女性都有说话过于急促、细声细气的毛病。说话的诀窍在于音量适当、语调平稳，速度不缓不急，此举显示你对说话的内容信心十足，利用呼吸换气时断句，可以避免许多不必要的嗯啊等语病，内容显得流畅有条理。切忌用疑问句结束陈述事实的语句，以免影响语气的坚定。

2. 仿效学习

学习你所仰慕的人具有的美好特质，可以是影星张曼玉或周润发，也可以是某著名政治家或外交家，只要他具备你所希望拥有的特质，均可模仿和学习，但要保持自己的风格。

3. 大胆练习

把自信心视为肌肉，需要定时持之以恒地锻炼，如果稍有懈怠，它很快会松弛。和不期而遇的人进行一对一交谈，是很好的开始。

4. 想象完美

这是许多名模、影星在表演之前惯用的技巧，同样适用于工作场合。面对大客户或提案，先静坐，从心中默想曾有的愉悦感觉，比如曾经聆听的悠扬乐章，愈具体效果愈好。

5. 想象拥有

走路的姿态常不自觉地泄露你的秘密，昂首阔步，抬头挺胸，仿佛一切都在你的掌握中，想象你拥有这个空间，当你举步时，回想过去曾有自信满足的感觉。

6. 塑造印象

选择适合你气质的服装、发型、化妆，甚至香味，展现完美精确的专业形象。特别在颜色上多注意，不同的色彩有不同的语言，可以善加运用。深色系代表权威信赖；亮色系则引人注目；暖色系则传达温柔且易于亲近的讯息。如果你想增加自信与亲和力不妨选择深色服装，搭配浅色丝巾或围巾等。

7. 克服焦虑

掌握害怕的根源。害怕时会有生理反应，如冒冷汗或呼吸急促等。当你知道所有可能会有的征兆，就可以透过一些放松的小技巧克服它。

8. 接受恭维

大部分人有自我贬抑倾向，总是习惯性地将别人的赞美向外推拒，如此一来，很容易将自己由主动参与者转换成被动接受者，这是很不明智的。下次当有人恭维时，记得以"谢谢"来代替"你太客气了"或"那其实很简单"这类的客套语，太谦虚会有损你的自信。

9. 鼓足勇气

不要等到出现重大危机时再去勇往直前，日常生活也需要勇气——在小事情上锻炼勇气，才能培养出在更重大的场合勇敢地行动的力量和才能。

10. 激发潜能

你每天都必须有勇气承担犯错误的风险、失败的风险和受屈辱的风险。走错一步总比在一生中"原地不动"要好一些。你一向前走就可以矫正前进的方向；大部分人不知道他们实际上有多勇敢。事实上，如果知道自己潜在的能量，那将有助于我们产生解决问题甚至克服巨大危机的自信心。记住你有这种能量，但若不付诸行动，不给它们释放出来为你服务的机会，你永远不会发现这些能量。

说话要简短有力

说一个人口才好，并不是指他怎么在人前侃侃而谈，或者同样一件事经他嘴一说就天花乱坠。而是说他每一次说话都能起到说话的作用。古语讲，"山不在高，有仙则灵"。说话也一样，不着重点的废话连篇，往往抵不上一句有根有实的话所能发挥出的作用。俗语"豆腐多了都是水，话多了都是唾沫"说的就是这个道理。

许多人在谈话过程中琐碎得令人讨厌。例如，讲述自己的经历本来是最容易讲得生动、精彩的，很多人也喜欢听别人讲其亲身经历。但是，许多人讲自己经历的时候，一味地不分主次地平铺直叙，觉得自己所经历的，样样都有味道，都有讲一讲的必要，结果反而使听者茫然无头绪，杂乱无章，索然无味。讲经历或故事，要善于抓重点，善于了解听者的兴趣放在哪一点上，少用对话。在重要的关节上讲得尽可能详细一些。其他地方，用一两句话交代过去就可以。

1903年12月17日，是人类第一次驾驶飞机离开地面飞行的日子。美国发明家莱特兄弟完成了这一历史创举后，到欧洲旅行。

在法国的一次欢迎宴会上，各界名流庆祝莱特兄弟的成功，并希望他俩给大家讲讲话，再三推托之后，大莱特走向了讲台，而他的演讲只有一句话：

"据我所知，鸟类中会说话的只有鹦鹉，而鹦鹉是飞不高的。"

这句精彩的话，博得全场热烈的掌声。

莱特可以详尽地介绍自己科学发明的经过，也可以谈论科学家的实干精神。但他的一句话，已高度地概括了创造的艰难和埋头苦干的精神，就是这样一句话，已足以留给观众十分深刻的印象。

要想说话简练，一语中的，引起对方的警觉和注意，还必须注意，所说之话要有一定的事实依据。

宋赵益王赵元杰在王府中造假山，花费银子几百万两，造成之后，便邀请宾客同僚尽兴饮酒，一起观赏假山。大家都酒酣耳热，兴致勃勃，唯独姚坦低头沉思，他对假山连看也不看。这引起了益王的注意，益王强迫他看。

姚坦抬起头来说："我只看见血山，哪来的假山？"

益王大吃一惊，连忙问其原因。

姚坦回答："我在乡村时，亲眼见到州县衙门催逼赋税，抓捕父子兄弟，送到县里鞭打。这座假山都是用民众的赋税造起来的，这不是血山又是什么呢？"

姚坦把假山说成"血山"，看似耸人听闻，但他是以耳闻目见的事实为根据，才有如此强烈的效果。若他是信口胡言，或许便大祸临头了。

前苏联文学家高尔基说，如果一个人说起话来长篇大论，这就说明他也不甚明了自己说些什么。

在公共场合演讲，有的人滔滔不绝，用语言的触角抓住了每一位听众，自然令人钦佩；有的人把自己的意思浓缩成几句话，犹如一粒粒沉甸甸的石子，在听众平静的心湖里激起层层波浪，同样值得称道。换个角度说，如果简短更有力，或同样有力，又何必长篇大论呢？

说话简短有力，不拐弯抹角，旁生枝节，必须抓住精髓，巧作对比，才能一语中的。

必须要克服的语病

有的人在说话过程中相同的词会反复地使用，时间久了，不知不觉就成为语病。某大学的讲师，在讲话中老带"嗯——"这一口头语，有人用心数了一下，30分钟内共有60多个"嗯——"。连传道授业的人都如此，何况是一般的人了。

口头语最多的恐怕是连接词"嗯""这个"等，虽然听者对带口头语的人不一定会起反感，但是会觉得语言啰唆。

除此之外，还有"所以""总而言之""尤其是""可是""也是""绝对""必须""不""岂有此理"等口头语，上述口头语中不管哪一种均很强硬、刺耳，也容易引起对方的反感。一位销售业绩很好的经理对他的员工就这个问题专门强调过："我就曾经有过，'追根究底地说''基本上来说''我还是想冒昧问您一下行不行'等口头语。比如有一次，我与某客户商谈得很愉快，快结束前我的老毛病又犯了，忍不住说："追根究底地说您买还是不买呢？"那位客户原本笑着的脸一下变了，绷着个脸冷笑着说：'对不起，尽管我们谈得很好，但我的结论是NO。'这一些口头语一是显得目的性太强，二是含有责备对方或大吹大擂的口气，因此很容易得罪对方，一旦得罪了对方，要消除对方的反感就需要很长的时间了。"

像"是啊""的确是那么回事"这种肯定对方意见的口头语是容易被对方所接受的，一般来说也不会引起麻烦，但像"可是""不""岂有此理"等否定性的口头语或像"总而言之""无论如何"之类吹毛求疵的口头语就很容易被对方误解。

　　有的人喜欢把同一件事唠叨地说个没完，本人虽想把意思表达清楚，但听的一方则早已厌烦了。好话说三遍也会令人生厌的。

　　所以，说话啰唆、不必要的口头语过多是不合格的，应该彻底地纠正过来。治疗这种毛病，开始的时候需小心，哪怕讲话生硬了点也没有关系，要抓住要点反复练习。

第2章

说话是技术活，15大话术助你实现语言突破

好口才，就是一种正能量。同一句话，同一个意思的表达，会说话的人说出来，就如甘泉滋润心底，让人如沐春风；不会说话的人说出来，却如刺刀寒风，让人顿感尴尬和郁闷。这就是不同的语言会产生不同的效果。有的人出口成章，有的人口吐莲花，有的语言精彩绝伦，有的语言幽默无穷。这就是语言的魅力所在。

赞美恭维法

喜欢听赞美似乎是人的一种天性。当来自社会、他人的赞美使其自尊心、荣誉感得到满足时，人们便会情不自禁地感到愉悦和鼓舞，并对赞美者产生亲切感，这时彼此的心理距离就会因赞美而缩短、靠近，自然也就为交际成功创造了必要的心理条件。

父母经常赞美孩子，家庭气氛和睦、欢乐，领导经常赞美下级，职工的积极性、创造性不断被激发、被调动。赞美之于人心，如阳光之于万物。在我们的生活中，人人需要赞美，人人喜欢赞美。这绝不是虚荣心的表现，而是渴求上进，寻求理解、支持与鼓励的表现。爱听赞美，出于人的自尊需要，是一种正常的心理需要。经常听到真诚的赞美，明白自身的价值获得了社会的肯定，有助于增强自尊心、自信心。

特别是当交际双方在认识上、立场上有分歧时，适当的赞美会产生神奇的力量，它能钝化矛盾，克服差异，促进理解，加速沟通。所以，善交际者每每运用赞美武器，为自己开路。

在19世纪初期，伦敦有位年轻人想当一名作家。他好像什么事都不顺利。他几乎有4年的时间没上学。他的父亲因无法偿还债务，被迫入狱，而这位年轻人还时常遭受饥饿之苦。最后，他找到一份工作，在一个老鼠横行的货仓里贴鞋油底的标签，晚上在一间阴森寂静的房子里，和另外两个男孩一起睡。就在这个货仓里，他写稿寄出去，可是一份接一份的稿件被退回，最后有一位编辑认可并夸奖了他，由于这句夸奖，使他受到了极大的激励，眼泪流到了他的双颊。这个男孩的名字叫查尔斯·狄更斯。

假如不是那位编辑的夸奖，狄更斯很可能永远成不了作家，更不用说成为世界著名作家。这就是妙语激励的神奇效果。

有的人吝惜赞美，很难赏赐别人一句赞美的话，他们不懂得，多正面引导，多表扬鼓励，是思想教育工作的一条规律。予人以真诚的赞美，体现了对人的尊重、期望与信任，并有助于增进彼此间的了解和友谊，是协调人际关系的好方法。人人皆有可赞美之处，只不过长处、优点有大有小、有多有少、有隐有显罢了。只要你细心，就随时能发现别人身上可赞美的"闪光点"。即使缺点较多或长期处于消极状态的人，只要稍有改正缺点、要求上进的可喜苗头，就应及时给予肯定、赞扬。但赞美也应注意以下几点。

1. 赞美要真诚自然

真诚的赞美有纯洁的动机，它不是为了谋求从对方得到什么才赞美。卡耐基说："如果我们只图从别人那里获得什么，那我们就无法给人一些真诚的赞美，那也就无法真诚地给别人一些快乐。"

2. 赞美别人要得体

生活中，我们经常需要去称赞别人。真诚的赞美，于人于己都有重要的意义。

对别人来说，他的优点和长处，因为你的赞美显得更加有光彩，他本人也由于你的称赞而更加自信，更加奋发。对于自己来说，你得体地称赞别人，表明了你已被别人的优点和长处所吸引，并对所称赞的事物充满了向往。

3. 赞美要具体真实

一个经常赞美孩子的母亲，可以创造一个充满快乐的家庭；一个经常赞美学生的老师，一定会赢得全体学生对他无限的依赖；一个经常赞美下级的领导者，在下级的心目中，一定是最有威望的。但这种赞美必须保证：一不失实，二很具体，三能适可而止。以此为基础，才能发挥赞美的巨大魅力。

31

运用幽默法

幽默是一个人的学识、才华、智慧、灵感在语言表达中的闪现，是一种"善于捕捉笑料和诙谐想象的能力"，是对社会上的种种不协调及不合理的荒谬现象、偏颇、弊端、矛盾实质的揭示和对某些反常规言行的描述。

在通常情况下，真正精于谈话艺术的人，其实就是那些既善于引导话题，同时又善于使无意义的谈话转变得风趣幽默者。这种人在社交场上往往如鱼得水，左右逢源，可算作社交谈话中的幽默大师。单调的谈话令人生厌，因此，善谈者必善幽默。但这种幽默，并不意味着对一切事物都可以拿来打趣。例如关于宗教、政治、伟人以及关于某种令人同情的痛苦等，都是绝不能加以取笑的。在有的人看来，如果说话不够幽默，便不足以显示自己的聪明，这种想法又不免有些偏激。

幽默感对于人的社交能力的发展起着举足轻重的作用。幽默语言可以使我们内心的紧张和重压释放出来，化作轻松的一笑。在沟通中，幽默语言如同润滑剂，可有效地降低人与人之间的"摩擦系数"，化解冲突和矛盾，并能使我们从容地摆脱沟通中可能遇到的困境。

有一次，英国作家狄更斯正在钓鱼，一个陌生人走到他跟前问："先生，您钓鱼？"

"是的，"狄更斯毫不迟疑地回答，"今天，我钓了半天，没见一条鱼；可是在昨天，也是在这个地方，却钓起了15条鱼！"

"是吗？"陌生人问，"那您知道我是谁吗？我是专门巡检偷偷钓鱼的，这带湖口禁止钓鱼！"说着，那陌生人从口袋里掏出一本罚单，要记下名字罚狄更斯的款。

见此情景，狄更斯忙反问道："那么，你知道我是谁吗？"当那陌生人还在惊讶迷惑之际，狄更斯直言不讳地说："我是作家狄更斯，你不能罚我的款，因为虚构故事是我的职业。"

在社交中，谈吐幽默的人往往取胜，没有幽默感的人往往会失败。在交际场合，幽默的语言极易迅速打开交际局面。

善于谈话的人，有时候为了需要常拿自己开开玩笑。美国著名律师迪特是一个善于讲自己笑话的人。有一次，哥伦比亚大学校长在他登台演说时，先将他介绍给听众："他算得上是我国第一位公民！"迪特似乎很可以立刻抓住这个难得的机会，大模大样地开着玩笑说："诸位静听，第一位公民要开始演讲了。"但是他如果真那样做，便是一个没有人瞧得起的傻瓜。

那他该如何说呢？他不仅要利用这个介绍词幽默一下，并且还要从中获得听众的好感。他说："刚才校长先生说的一个名词，我起初有些听不太懂。第一位公民——是指什么呢？现在我才想到，大概他是指莎士比亚戏剧中常常提到的公民。校长先生一定是研究莎氏戏剧极有心得的人，他替我介绍时，一定又在想到他的莎氏戏剧了。诸位听众一定知道莎士比亚是常常把许多公民穿插在他的戏剧中，这些配角每人所说的话大都只有一两句，而且多半是毫无口才，没有高明见识的人。但他们差不多都是好人，即使是第一第二的地位交换一下，也根本不会显示有何不同之处。"话未说完，台下便响起潮水般的掌声。

幽默是生活中的调味品，有了它，生活变得趣味横生，具有神奇的魅力。以下是常见的5种幽默方式。

1. 解惑式幽默

一天，毛泽东笑着对照顾他的生活起居的工作人员说："你们对我为什么这么好呢？这个问题，我想了很久才想通。原来你们这些同志都只能为官，不能为人。"工作人员被主席的话惊呆了："这句话的分量实在太重了。我们全心全意照顾主席，他怎么这样批评我们呢？"大家都感到困惑不解，心情也紧张。接着，毛泽东笑着解释说："说你们只能为官，这就是说你们对我这么好，不都是为了我这个当官的吗？说你们不能为人，是说你们不能为个人考虑考虑嘛？我看到你们这么多的人在我这里站岗放哨，一待就是好几年，要是你们在前方，早就是什么长了。"经主席这么解释大家茅塞顿开，不由得变"惊"为笑，心情轻松了。毛泽东对全心全意保卫他、照顾他的工作人员心存感激，但他没用褒奖之词，而是用了一种幽默的方式故意使对方疑窦丛生，造成错觉，形成心理压力。然后解释，使之冰释雪消。

2. 形象式幽默

有一次，孙中山在广东大学讲民族主义。礼堂非常小，听众很多，天气闷热，很多人都没精打采。孙中山便穿插一个故事：那年我在香港读书时，看见许多苦力聚在一起谈话，听的人哈哈大笑。我觉得奇怪，便走上前去。有一个苦力说："后生哥，读书好了，知道我们的事对你没有什么帮助。"又一个告诉我："我们当中一个行家，牢牢记住那马票上面的号码，把它藏在日常用来挑东西的竹杠里。等到开奖，竟真的中了头奖，他欢喜万分，以为领奖后可以买洋房、做生意，这一生再也不用这根挑东西的杠子过生活了，一激动就把竹杠狠狠地扔到大海里。不消说，连那张马票也一起丢了。因为钱没有到手先丢了竹杠，结果是空欢喜一场。"孙中山风趣的话，引来台下一片笑声。孙中山接着回到本题："对于我们大多数人，民族主义就是这根竹杠，千万不能丢啊！"孙中山先生这个充满幽默感的故事不仅让昏昏欲睡的人们清醒过来，也使得自己的演讲取得了良好的效果。

语言要富有幽默感，必须言之有物，使其形象生动。以实求幽默，幽默有；以虚求幽默，幽默无。语言真实形象生动，能促人联想，产生"具象"，让人感觉余味无穷。

3. 夸张式幽默

将事实进行无限制的夸张，造成一种极不协调的喜剧效果，也是产生幽默的有效方法之一。

马克·吐温有一次坐火车到一所大学讲课。因为离讲课的时间已经不多，他十分着急，可是火车却开得很慢，于是他想出了一个发泄怨气的办法。当列车员过来查票时，马克·吐温递给他一张儿童票。这位列车员也挺幽默，故意仔细打量，说："真有意思，看不出您还是个孩子哩。"马克·吐温说："我现在已经不是孩子了，但我买火车票时还是孩子，火车开得实在太慢了。"火车开得很慢确是事实，但也不至于慢到让一个人从小孩长成大人。这里便是将缓慢的程度进行了无限制的夸张，产生了特殊的幽默效果，令人捧腹。

4. 曲解式幽默

所谓曲解，就是对对象进行"歪曲"，"荒诞"地进行解释，以一种轻松、调侃的态度，将两个表面上毫不沾边的东西联系起来，造成一种不和谐、不合情理、出人意料的效果，从而产生幽默感。

有一次，一名新闻记者问萧伯纳："请问乐观主义者和悲观主义者的区别何在？"这是一个范围很大且很抽象的问题。如果要从理论上做出一个准确的回答，恐怕得费好大劲也不一定能令对方满意。于是他说："假如这里有一瓶只剩下一半的酒，看到这瓶酒的人如果高喊：'太好了，还有一半！'这就是乐观主义者；如果悲叹：'糟糕，只剩下一半了。'那就是悲观主义者。"在这里，萧伯纳巧妙地使用"以偏概全"的方法，选择了一个生动的事例，化大为小，回答得轻松自如，不仅颇有幽默感，而且令人回味无穷。

5. 模仿式幽默

模仿现存的词、句及语气等而创造新的语言，是幽默方式中很常见的一种，往往借助于某种违背正常逻辑的想象和联想，把原来的语言要素用于新的语言环境中，造成幽默感。

一位女教师总爱板着面孔上课，动不动就批评学生的顽劣，弄得学生怨声载道。一次她在课堂上提问："'要么给我自由，要么让我去死'这句话是谁说的？"过了一会儿，有人用不熟练的英语答道："1775年巴特利克·亨利说的。""对。同学们，刚才回答问题的是日本学生，你们生长在美国却回答不出来，而来自遥远的日本的学生却能回答，多么可怜啊！""把日本人干掉！"教室里传来一声怪叫。女教师气得满脸通红，问："谁？这是谁说的？"沉默了一会儿，有人答道："1945年，杜鲁门总统说的。"这位同学模仿老师的提问作了回答，产生了幽默的效果。

婉言含蓄法

俗话说，尺有所短，寸有所长。一个人犯了过失，并不等于他一无是处；反之，一个人做了件好事，也不能说他做的每件事都是好的。因此，我们在发现别人犯了过失时，既然决定要批评或指出，就一定要注意方式方法，过急或过火必然招致对方的厌烦，批评也就无法奏效。过轻或过迟，对方则可能根本意识不到。所以，只有及时和含蓄地提出批评，才能发挥应有的作用。当然这里说的含蓄应遵循不失实、不就轻的原则。

唐代名相魏征以直言善谏闻名，而他在批评唐太宗时也很善用含蓄的方法，尽管这样，唐太宗也非常惧怕魏征。一次，有人送给唐太宗一只鸽子，唐太宗很高兴，就托在手臂上逗着玩，见魏征进来，怕他看见，赶紧揣到怀里。其实魏征已看见了，只是故意不言明，奏事时有意慢条斯理，拖延时间。结果等魏征走了，鸽子闷死在唐太宗怀里。魏征用含蓄的方式批评了唐太宗"玩物丧志"的行为。

在日常生活中所有的批评，如果只提对方的短处不提他的长处，他就会感到心理上的不平衡，感到委屈。有效的办法之一就是先讲自己的缺点和过错。

这是因为你讲出你的错误，能给对方这样的心理暗示：你和他一样是犯过过失的人，这就会激起他与你的"同类意识"。在此基础上你再去批评对方，他就不会有"损害面子"的顾虑，因而也就更加容易接受你的批评，这要算含蓄的一种方法。

人都是有自尊心和荣誉感的，有的人之所以不愿接受批评，主要原因便是怕触伤自己的自尊心和荣誉感。为此，我们在批评他人时，如果寻找一种间接批评，反而能达到使其改正错误的目的。这种方式便是含蓄地批评他人。它首先忌讳的是批评者大发雷霆，伤害被批评者的自尊。另外，批评不应在公众场合进行，尤其是不要当着他所熟悉的人的面，否则，批评就无法收到良好的效果。

正话反说法

有些话直接说可能会使对方不能接受，为了避免尴尬，不妨正话反说。

汉武帝刘彻有位乳母，在宫外犯了罪，被官府抓了，并禀告汉武帝。汉武帝心中十分为难，毕竟是自己的乳母，滴水之恩当涌泉相报，何况自己是被乳汁养大的。但是，天子犯法与庶民同罪，如果不处置她，有失自己天子的尊严，以后何以君临天下。思来想去，汉武帝决定以大局为重，依法处置自己的乳母。

乳母深知汉武帝的为人，知道自己凶多吉少，便想起了能言善辩的东方朔，请求东方朔帮自己一把。

东方朔也颇感为难，他想了想说："办法也有，但必须靠你自己。"

乳母急切地问："什么办法？"

东方朔说："你只要在被抓走的时候，不断地回头注视武帝，但千万不要说话，也许还有一线希望。"

乳母虽不解其中玄机，但还是点了点头。

当传讯这位乳母时，她有意走到武帝面前向他辞行，用哀怨的眼神注视着武帝，几次欲言又止。汉武帝看着她，心里很不是滋味，有心想赦免她，又苦于君无戏言，无法反悔。

东方朔将这一切看在眼中，知道时机成熟了，便走过去，对那位乳母说："你也太痴心了，如今皇上早已长大成人，哪里还会再靠你的乳汁活命呢？你不要再看了，赶紧走吧。"

武帝听出了东方朔的话外之音，又想起了小时候乳母对自己的百般疼爱，终于不忍心看乳母被处以刑罚，遂法外开恩，将她赦免了。

东方朔一番反弹琵琶终于救了乳母。同样，齐国的晏子也深谙此道。

一次，一个马夫杀掉了齐景公最爱的一匹老马。因为那匹马实在太老了，又得了一种怪病，马夫怕那匹马把疾病传染给别的马，便擅自做主，将老马杀了。

哪知，虽是匹老马，在齐景公的眼中却仍是他的爱物，毕竟那匹马跟随他那么多年，多少次随他出生入死，立下汗马功劳，如今却被人擅自杀掉了。

景公不禁勃然大怒，立即命令左右绑了马夫，他要亲自杀了马夫为自己的爱马报仇。

那名马夫没想到自己尽职尽责，一番好意竟惹来了杀身之祸，早已吓得面如土色，一句话也说不出来。

晏子在一旁看见了，急忙拦住齐景公：

"大王不必着急，你就这样杀了他，他连自己犯了什么罪都不明白便送了命，太便宜他了。臣愿替大王历数他的罪过，然后再杀也不迟啊！"

齐景公一听，言之有理，便答应了晏子。

于是，晏子走近马夫，装作气急败坏的样子，用手指着马夫，厉声说道："你可知犯了什么罪？"

"不，不知道。"马夫早已站立不住，浑身颤抖着说。

"第一，你为我们的国君养马，却把马给杀了。虽然那匹马又老又有病，但它是国君的马。就冲这一点，此罪当死。

第二条，你使我们的国君因马被杀而不得不杀掉养马之人，此罪当死。

第三条，你使国君因为马被杀而杀掉养马之人，此事必会遍传四邻诸侯，使得人人皆知我们的国君爱马不爱人，得一不仁不义之名，此罪又当死。

第四条……"

晏子还要接着往下说，但齐景公早已坐不住了，连忙打断晏子："不必说了，夫子放了他吧，免得让我落一个不仁不义之恶名，让天下人笑话。"

就这样，马夫得救了。

人们常常说，真理向前一步就可能变成谬误，同理，反面的话稍加引申就可能成为反面的反面——正面。正话反说所能起到的作用，往往比一本正经的规劝和说教效果要好得多。

难题巧答法

《韩诗外传》中记载了子贡与齐景公这样一段对话。

齐景公问子贡："你的老师是谁？"

子贡："鲁国的仲尼。"

齐景公："仲尼是贤人吗？"

子贡："是圣人啊！岂止是贤人呢！"

齐景公："他是什么样的圣人呢？"

子贡："不知道。"

齐景公怒气冲冲地问："开始你说仲尼是圣人，现在又说不知道，这是为什么？"

子贡："我终身戴天，并不知道天有多高；我终身践地，并不知道地有多厚；我求学于仲尼，就如同拿着勺子到江海中饮水，满腹而去，又哪里知道江海有多深呢？"

齐景公无法再问了。

子贡应该知道孔子是什么样的圣人，却因随口应对"不知道"而遭来责难。面对责问，子贡不愧为孔子的高徒，他用戴天不知天之高、践地不知地之厚、饮于江海而不知江海之深来类比就学于孔子而不知孔子是什么样的圣人，不仅作出了圆满的解释，而且赞美了孔子的伟大。

在我们的日常生活中，常会遇到一些难以回答、不便回答或不愿意回答的问题。如果坦白地答一声"不知道""无可奉告"，这不仅使对方难堪，破坏气氛，而且使自己显得无风度，没涵养，没水平。这时，你心中真的如果没有答案，或根本不想回答，那么最常用的巧妙答法就是使用无效回答，或叫模糊回答。

所谓无效回答，就是用一些没有实际意义的话去做些实质性的回答，而别人又不能说没答。例如：

一男士问一女士："喂，小李，听说你病了，什么病？"

小李："不是什么大病。"

"那到底是什么病？"

"一点小病。"

显而易见，这位男士可能是真的关心这位女士，但却失礼，因为两性间毕竟是有区别的。在这种情况下，小李机警地做了无效回答，非常得体。

生活中，无效回答用得较多的词儿是"没什么"和"不清楚"。

"喂，听说你们经理交桃花运啦？"

"不清楚呀。"听到这样的回答。好事者无可奈何。

无效回答的方法和策略多种多样，常见的有以下几种：

（1）含混回答，如上所述。

（2）答非所问。我国一位涉外工作者到澳大利亚工作时，一澳大利亚人问他："你爱澳大利亚吗？"这位同志觉得答"爱"与"不爱"都不合适，于是答道："澳大利亚的袋鼠挺可爱。"这类答复一般用于那些不便于具体肯定与否定的问题。

（3）歪答。有些荒唐和强人所难的问题，不必硬着头皮去找正确答案，干脆将"错"就"错"，或者偷换概念，这样倒会取得好的效果。据说，一外国人问中国有多少厕所，答："两个，一个是男厕所，一个是女厕所。"——既然你的提问违反常情，让人难堪，我何不也让你哭笑不得？

（4）直接回避。直接说出对方不得不承认的避答理由，使双方均不难堪。一次，一位外国记者在中央美术馆和大家谈"女模特儿具有为艺术献身精神"的话题时，问其中的一位女画家："假如让你当人体模特儿，你愿意吗？"公开说"愿意"吧，对一个青年女性非易事；说"不愿意"吧，又是自己打自己的嘴巴。于是，这个聪明的女画家说："这是我的私事，不在采访之列吧！"解脱了窘境，且自然而有道理。

（5）诱导对方自我否定。一次，美国前总统罗斯福的一位朋友问他在加勒比海小岛上建立潜艇基地的计划。罗斯福小声问他的朋友："你能保密吗？"朋友脱口而出："能。"罗斯福接过来道："我也能。"显然，罗斯福巧妙地设计了圈套，诱导对方说出自己不想回答的原因，而表面上又是在回答。

无效回答看起来多带消极色彩，实际上它处于积极的守势，守中有攻，柔中有刚。另外，运用无效回答，需要机智，但留心学习，也不难掌握。

比喻夸张法

比喻，就是打比方，即以彼物比此物。具体说，当人们在语言交际中要表达某一事物或道理时，运用联想或想象，引进另一种事物或道理，以便把要表达的事物或道理反映得更具体、更贴切、更生动、更富有感染力，使听者爱听，听得明白，从而留下深刻印象。

刘向的《说苑》中有这样一个生动的故事。

有人对梁王说："惠子这个人说话善于打比喻。假若大王您不让他打比喻，那么，惠子就没法说话了。"

于是，梁王对惠子说："希望你今后说话时不要打比喻了。"

惠子回答说："假若有个人不知道'弹'为何物，您告诉他弹就是'弹'，他能明白吗？"

梁王说："当然不明白了。"

惠子说："我要把我知道的事物告诉不知道这事物的人们，您说不打比喻行吗？"

梁王说："不打比喻是不行的。"

这个故事中，本来梁王是不让惠子再打比喻，可是惠子又悄悄地打了一个比喻，说服了梁王。

比喻一般由本体、喻体和喻词三部分组成。本体是被比喻的事物；喻体是用来作比的事物或对象；喻词则是标明比喻关系的词语，如"好像""恰似""像……一样"等。比如，毛泽东曾说，有些人写文章长而空洞，就像"懒婆娘的裹脚布，又臭又长"。这里，长而空的文章就是本体，臭而长的"裹脚布"是喻体，"就像"是喻词。

一次有人问爱因斯坦什么是相对论，爱因斯坦解释说："你同你最亲爱的人坐在火炉边，1个钟头过去了，你觉得好像只过了5分钟；反过来，你一个人孤孤单单地坐在热气逼人的火炉边，只过了5分钟，但你却像坐了1个小时。这就是相对论。"爱因斯坦用人们日常生活中的真切体验来解释高深玄妙的相对论原理，让普通人也能理解。

人们说话是为了描绘事物，或阐述道理，或表述情感等，要把这些东西表述得生动具体，使别人印象深刻，并不是一件容易的事。如果能运用贴切的比喻，就能化难为易，话半功倍，具有说服力。

庄子是我国战国时期著名的思想家。他一生都过着十分清贫的生活。一天，庄子家里一点粮食也没有，万般无奈，只好拎个袋子到朋友监河侯那里借点粮食。

监河侯正收拾行装要外出。庄子见了他，讲了借粮的事，监河侯满口答应："好说，好说，不过我正要进城收租金，等我回来，一定借给你三百两银子，好吗？"

庄子心想：你进城一趟，来回得半个月，等你回来，我一家人不就饿死了吗？

"老兄啊，刚才我见到一件事，很有意思，你不想听听吗？"庄子说。

监河侯问："什么事，你快说。"

庄子说："刚才我到你这儿来的时候，在路边听见求救的声音。我到处找，却没见人。原来在路旁的干河沟里，有一条小鱼，嘴巴一开一闭地在叫着。它说：'我从东海来，现在快干死了，先生能不能给我瓢水，救我一命啊？'我说：'那太少了！你再忍耐一下，等我去找赵国和吴国的大王，请他们堵住西江的水，然后开沟挖渠，把西江水引到这儿来，你就可以顺水游回东海了，你看这样好吗？'谁知那条鱼听了很生气地说：'我现在已经快干死了，只要一小瓢水就能活下去。你的计划虽然很好，但等到西江水来的时候，恐怕我早已变成鱼干了，先生只好到干鱼摊上找我了。'"

监河侯听到这里，满脸通红，连声向庄子道歉，喊来家人，给庄子装了满满一袋粮食。运用比喻说理简洁明了，喻体非常广泛，俯拾皆是。只要与你说明的道理有内在性质的共同点，就可以信手拈来，达到目的。

夸张是为强调事物的某种特征而故意言过其实，或夸大事实，或缩小事实，让听者对所要表达的内容有一个更深刻的认识和了解。合理地运用夸张技巧，一是便于揭示事物的本质；二是能加强说话的感染力；三是能启发听者的想象力。运用夸张，必须以现实生活为基础，不能漫无边际，做到言过其实而又合情合理，不似真实而又胜似真实。

楚国大夫申无宇的守门奴仆因偷酒被发觉而畏罪潜逃，为了逃避申无宇的追捕，他投靠楚王一跃成为细腰宫守卒。因为楚国的法律明文规定：任何人都不准到楚王宫里抓人。那名奴仆自以为有了尚方宝剑，整日嚣张狂妄。可是，没想到申无宇却在楚王不知道的情况下径直到宫里把那名奴仆捉了回来。

楚灵王知道了之后非常气愤，命令申无宇把那个奴仆放出来。

申无宇说："天上有十个太阳，人分十个等级，上层统治下层，下层侍奉上层，上下互相维系，国家才能安定太平。如今臣下的守门奴仆畏罪潜逃，借王宫之地庇护犯罪之身。如果让他真的得到庇护，那么其他奴仆便会互相效法，盗贼公行，谁还能禁止得了？长此以往，社会不安，大王江山不保啊！所以，臣下才不敢遵奉王命。"

楚灵王细细琢磨了一番，觉得很有道理，便下令处决那个奴仆。

上文中楚国大夫申无宇把窝藏一个奴仆与天上的太阳、社会不安、江山不保联系在一起，显然是夸大了事实，但却收到应有的效果。可见他的机智与果敢。

夸张既然是在某些方面"言过其实"而又有真实性作为基础，这就有利于突出事物的特殊性，可以唤起人们的想象，收到突出个性形象的效果。

夸张不等于浮夸，它必须以客观事实为基础，必须反映客观事物的本质特征，做到"夸而有节""饰而不诬"，才能造成强烈的震撼效果。

移花接木法

移花接木是辩论中常用的手法，意即巧妙偷换概念以彼之道还施彼身，使自己脱离困境的同时陷对方以困境之中。在我们日常生活中，使用移花接木的说话技巧也常有意想不到的效果。

著名诗人歌德在一条只能通过一个人的小径上散步，迎面来了个极不友好的人："我向来没有给傻瓜让路的习惯。"

歌德听到对方不友好的喊叫，连忙让到一旁，笑容可掬地说："我恰恰相反。"

歌德运用了"移花接木法"，一句话就把"傻瓜"的帽子从自己头上摘下，戴到对方头上。

有时候，移花接木还可给别人一个台阶下，让对方在开怀一笑中体会语言的含义。

一对夫妇结婚已经有十余年了，每个月他们都要给双方的父母寄生活费。这件事一直由妻子承办。可是妻子却每个月给自己的父母寄100元，给丈夫的父母寄50元。丈夫一直愤怒在心，却也不想因此而与妻子闹得不愉快。

以前，丈夫每天下班，什么事都不干，总要先抱抱小儿子，亲抚半天。可这天回家后，他见到一岁半的儿子正在摇车里哭，却假装什么也没看见，什么也没听到。他一反常态地走到5岁女儿的身旁，把5岁的女儿抱了起来。

正在做饭的妻子扭头看到了，急忙喊道："儿子都哭成那样了，你怎么还不赶紧去哄哄他？"

丈夫不紧不慢地说："这50元钱的，还是你来抱吧？我要抱100元钱的。"

聪明的丈夫风趣而又不失原则地请妻子进入了自己所预设的易位"圈套"，没有长篇累牍地发牢骚，却弦外有音地暗示了事情的实质和自己的不满情绪，从而巧妙地达到了说话的目的。

妻子一听，脸就红了，以后每月也给丈夫的父母寄100元了。

运用移花接木的说话艺术，关键的往往只有一句话，但这一句话往往紧紧扣住了对方的言行，所以分量很重，使对方几乎没有反击的余地。

一个被指控酒后开车，并被判拘留一周的司机，在法官面前申诉说："我只是喝了些酒，并没有像指控书中说的那样喝醉了。"

法官听后微微一笑，说："正因为这样，我们才没有判处你监禁七天，而只判拘留你一个星期。"

法官的解释，既回避了司机的无理纠缠，又让司机懂得对司机来说，"喝了些酒"开车与"喝醉了酒"开车的区别，就如"监禁七天"与"拘留一星期"的区别一样，只不过是说法不同而已。

一位长官到连队巡查，正赶上士兵们吃中午饭。

"伙食怎么样？"长官问士兵们。

"报告长官，汤里泥土太多。"一个多嘴的士兵回答。

"你们入伍是为了保卫国土，而不是挑剔伙食！"长官非常生气地大声斥责道，"难道这个道理都不懂？"

"懂，"士兵毕恭毕敬地立正，又斩钉截铁地说，"但绝不是让我们吃掉国土。"一句话，说得长官顿时对这位士兵刮目相看了。

士兵们的伙食很快得到了改善。

"泥土"与"国土"意义相差甚远，但士兵却能抓住"土"这一信息，并将其生发开去，不无关联地与国家的形势、国土的沦丧和军人的职责密切地结合在了一起，既体现了一个军人对祖国的忠诚，又巧妙地达到了改善伙食的目的。

以谬制谬法

以谬制谬和移花接木有本质上的不同，但却有异曲同工之妙，以谬制谬就

47

是以错制错，意即对方作出错误的言论，有意将对方的荒谬观点引发出来，使其表达得更为清楚，然后再由此推出错误的结论来反击对方，进而使对方的观点不攻自破。

下面我们来看一组故事。

在美国废奴运动中，废奴主义者菲利普斯到各地巡回演讲。一次，一个来自反废奴势力强大的肯塔基州的牧师问他："你要解放奴隶，是吗？"

菲利普斯："是的，我要求解放奴隶。"

牧师："那么，你为什么只在北方宣传？干吗不敢去肯塔基州试试？"

"你是牧师，对吗？"菲利普斯反问道。

牧师："是的，我是牧师，先生。"

菲利普斯接着问："你正设法从地狱中拯救鬼魂，是吗？"

牧师："当然，那是我的责任。"

菲利普斯："那么，你为什么不到地狱去？"

牧师觉得一个声称要解放奴隶的人，总在没有奴隶的地方叫喊，目的显得不纯。菲力普斯认为以牧师的身份不应有过多功利的猜疑，于是便对他进行了有力的反驳，他用"以谬制谬法"轻而易举地战胜了对方。

逢年过节，船老板得按规矩弄几样菜，招待船员。这年端午，船老板端了四样小菜，提了一把长颈子锡壶，往船员们面前一放，说："伙计们，喝酒吧！"说完就走开了。

有个伙计顺手把酒壶一提，轻飘飘的，揭开盖子一看，只有半壶酒。他很恼火，随手拿起一把锯子，把酒壶上半截锯下来就往江中一扔，把底下半截子照旧放好。

没过多长时间船老板来了，一看酒壶给锯了，气得吹胡子瞪眼珠，大声问道："怎么酒壶只剩半截啦，谁干的？"

锯壶的伙计不慌不忙地答道："我锯的，上半截又不装酒，留着没用！"

可见，运用"以谬制谬法"时，应注意发现对方的谬误，并对它进行全面的透视，然后寻找适当角度，进行有力反击。

两个乡下财主在村头谈话，农夫老田见了，同他们打过招呼就走开了。忽然，其中一个瘦财主喊道："黑老田，站住！"

农夫站住了，对匆匆赶来的瘦财主说："您有什么事儿？"

瘦财主喘了喘气说："你打断了我们的话把子，赔五石谷，折合洋钱五十块，必须三日之内交清。"

老田回到家里，愁眉苦脸，茶饭不进，只差没有寻短见。

他的妻子问怎么了，老田照实说了。

他的妻子就说："这有什么可怕的？到时由我对付！"

到了第三天，田妻叫老田上山打柴，自己便在门口等着。瘦财主来了，劈头就问："你家老田呢？"

田妻不慌不忙地回答说："他上山挖旋涡风的根去了。"

瘦财主一听，喝道："胡说，旋涡风怎么还有根？"

田妻反问："那么，话还有把子吗？"

瘦财主无言以对只得愤愤地走了。

通过上面的这些实例，我们可以看出运用"以谬制谬法"有两个基本诀窍。

一是以谬制谬，模拟必须相当，谬说必须等值。如甲说："我家的狗会讲话。"乙便说："我家的驴会唱歌。"甲反问乙："驴怎么会唱歌呢？"乙反问甲："狗怎么会讲话？"这一反驳，由于驴和狗相当，唱歌与讲话等值，因而使甲张口无言。

二是无中生有的"无"，必须是绝对的"无"。反之，就会给对方留下反击的空子，使自己陷于被动。

巧用谐音法

谐音是指利用语言的语音相同或相反的关系，有意识地使语句有双重意义，言在此而意在彼。巧用谐音，往往能使人摆脱困境化险为夷。

据传，从前有个宰相，他有一个名叫薛登的儿子，生得聪明伶俐。当时有个奸臣金盛，总想陷害薛登的父亲，苦于无从下手，便往薛登身上打主意。有一天，金盛见薛登正与一群孩童玩耍，于是眉头一皱，诡计顿生，喊道："薛登，你像个老鼠一样胆小，不敢把皇门上的桶砸掉一只。"

薛登不知是计，一口气跑到皇门边上，把立在那里的双桶砸碎了一只。

金盛一看，正中下怀，立即飞报皇上。皇上大怒，立刻传薛登父子问罪。

薛登父子跪在堂下，薛登却若无其事地嘻嘻笑着。皇上怒喝道："大胆薛登！为什么砸碎皇门之桶？"

薛登想了想，反问道：

"皇上，您说是一桶（统）天下好，还是两桶（统）天下好？"

"当然是一统天下好。"皇上说。

薛登高兴得拍起手来："皇上说得对！一统天下好，所以，我便把那只多余的'桶'砸掉了。"

皇上听了转怒为喜，称赞道："好个聪明的孩子！"又对宰相说："爱卿教子有方，请起请起。"

金盛一计未成，贼心不死，又进谗言道："薛登临时胡编，算不得聪明，让我再试他一试。"皇上同意了。

金盛对薛登嘿嘿冷笑道："薛登，你敢把剩下的那只也砸了吗？"

薛登瞪了他一眼，说了声"砸就砸"，便头也不回奔出门外，把皇门边剩下的那只木桶也砸了个粉碎。

皇上喝道："顽童！这又如何解释？"

薛登不慌不忙地问皇上："陛下，您说是木桶江山好，还是铁桶江山好？"

"当然是铁桶江山好。"皇上答道。

薛登又拍手笑道："皇上说得对。既然铁桶江山好，还要这木桶江山干什么？皇上快铸一个又坚又硬的铁桶吧！祝吾皇江山坚如铁桶。"

皇上高兴极了，下旨封薛登为"神童"。

出其不意法

出其不意，顾名思义，就是出乎对方意料之外，运用这种方法讲究的是快和准，让对方始料不及，从而达到说话的目的。下面我们讲三个关于驴子的故事，虽然有辱人之嫌，但思维之方式则大可以借鉴学习。

德国诗人海涅是犹太人，常常遭到无礼的攻击，一次晚会上有一位旅行家对他说：

"我发现一个小岛，这个小岛竟然没有犹太人和驴子！"

这位旅行家知道海涅是犹太人，竟然当面把犹太人与驴子相提并论。旅行家说完见海涅默不作声，幸灾乐祸地笑了起来。海涅明白旅行家是在讥讽自己，于是缓缓地说："那么看来，只有你我一起去那个岛上，才能弥补这个缺陷。"

海涅话刚说完，旅行家目瞪口呆地看着海涅，显然他被海涅出其不意的回答惊呆了，不一会儿就偷偷溜走了。

一次聚会上，一位诗人与一位富翁坐在一起，富翁想侮辱诗人，便问他："告诉我，你跟一头驴能差多少？"

诗人受到侮辱并没有发作，而是不动声色地目测了一下他们之间的距离，答道："不远，只有25厘米！"

听了诗人的答话，富翁四处看了看，立即起身走开了。在这里，富翁原话是骂诗人与驴差不多，诗人的答话则是直接把富翁当作驴了。这一答话使富翁始料不及，只能悻悻而逃。

有一位老妇人正赶着驴子走路，年轻人嫌她挡了道，但又不好发作，想设法侮辱她一下，故意向老太婆打招呼："你好啊，驴的母亲！"老太婆当然听出话中有音，望一望那位青年人，笑着接口道："你好啊，我的孩子！"

一语双关法

一语双关是在一定的语言环境中，利用语音或语义而获得表里双重意义的修辞技巧。其特点是利用汉语词语的多义性或谐音，使一句话含两种可能的解释，即表面的意思和暗含的意思，而暗含的意思才是说话者所要表达的真正意思。

例如《红楼梦》第八回写了这样一件事。

宝玉欲喝冷酒，宝钗劝说宝玉不要喝，说喝冷酒对身体有害，宝玉觉得有理，便令下人热了方饮。黛玉在一旁听后，抿着嘴笑，看在眼里，恨在心里。恰巧黛玉的丫环雪雁来给黛玉送手炉，黛玉问是谁要她送来的，雪雁说是紫鹃姐姐怕姑娘冷，让送的。黛玉接过手炉时对雪雁说："也亏了你倒听她的话，我平日和你说的，全当耳旁风；怎么她说了你就依，比圣旨还快呢！"

黛玉的话表面看来，是说雪雁听信紫鹃的吩咐而不听她的话，实际上则是奚落宝玉听信宝钗的话没喝冷酒，而平时不听她的话。

一语双关由于含蓄委婉，生动活泼，话中有话，又幽默诙谐，饶有趣味，能给人以意在言外之感，又使人回味无穷，因而经常为人们所使用。

阿凡提在闹市租了一家店面开理发店，租期为1年。

店主仗着店面是他出租的，每次剃头都不给钱。

有一天店主又来了，阿凡提照例给他剃了光头，然后边刮脸边问道："东家，眉毛要不要？"

"废话，当然要！"

阿凡提嗖嗖两刀，把店主的两道浓眉剃了下来，说："要，就给你吧。"

店主气得说不出话来，埋怨自己不该说"要"。

"喂，胡子要不要？"

"不要，不要！"店主忙说。

阿凡提嗖嗖几刀，把店主苦心蓄养的大胡子刮下来，甩到地上。

阿凡提用双关语，把店主整治得无可奈何。

从前，有个县官带领随员骑着马到王庄去处理公务，走到一个岔道口，不知朝哪边走才对，正巧一个老农扛着锄头迎面走来。

县官（头也不回神气十足）：喂，老头，到王庄怎么走？

老农：……（头也不回，只顾赶路）

县官（不悦，大声吼）：喂！老头，问你呢，长没长耳朵？

老农（停下）：我没有时间回答你，我要去李庄看件稀奇事！

县官：什么稀奇事？

老农：李庄有匹马下了头牛。

县官：真的！马怎么会下牛呢？

老农：世上的稀奇事多哩，我怎知道那畜生为什么不下马呢？

在论辩中，若遇到棘手的问题不好回答或不能回答时，一语双关往往能收到出人意料的效果。

有一次，美国总统里根决定恢复出产B-1轰炸机，引起许多美国人的反对。在记者招待会上，面对责问，里根答道："我怎么不知道B-1是一种飞机呢？我只知道B1是人体不可缺少的维生素，我想我们的武装部队也一定需要这种不可缺少的东西。"

这句一语双关的妙言，一时竟使得那些反对者不知所措。

又如，一个中年男子在火车站候车，看见坐在身边的一位少妇风韵照人，遂起邪念。他见少妇穿着一双肉色丝袜，便色迷迷地凑上前去搭讪。

男子：你这双袜子是从哪儿买的？我想给我的妻子也买一双。

少妇：我劝你最好别买，穿这种袜子，会招来不三不四的男人找借口跟你妻子搭腔的。

男子听后只得夺路而逃。

另辟蹊径法

生活中我们正面办不了的事情，只能从侧面去想办法，侧面如果再受阻的话，那就只能另辟蹊径了，或者曲径渗透，或者隔山打牛，总之是一种不得已而为之的办法，而若把它当作一种说话方式，就像半路杀出个程咬金，则会有出人意料的效果。

王小姐近来身体发福，颇为烦恼。一天，她对刘大姐发牢骚说："你看，我是越长越胖。""你不算太胖，看起来很健康。"刘大姐安慰道。王小姐接着说道："还不胖呢，前几天称体重都快70公斤了。""那您当时一定是在锻炼身体，手里正拿着两个哑铃吧？"刘大姐一席话把王小姐逗得前仰后合。

有一个调皮的小孩，大年初一那天，一大早便出门找伙伴玩耍去了。玩了一段时间后，发现自己头上一顶崭新的帽子不知何时丢了。于是心惊胆战地跑回家去，对他母亲说了。要是在平时发生这情况的话，母亲一定会大声斥责他。可是今天是大年初一，不能骂孩子，尽管心里很火，也得硬忍着。这时来他家串门的邻居听了笑着说："孩子的帽子丢了，这没关系，这不正好意味着'出头'了吗？今年你们家一定走好运，有好日子过了。"一句话，母亲转怒为喜。

小王应邀参加一位朋友的婚礼，可天公不作美，小雨从早到晚一刻也未停过。等赶到朋友家时，衣服上溅满了星星点点的泥水。当一对新人双双向他敬酒时，朋友看到他满身泥水，略带歉意地说：

"冒雨前来，你辛苦了。这都怪我没选好日子。"

小王赶忙接过话茬说："自古道，'久旱逢甘雨，他乡遇故知，洞房花烛夜，金榜题名时'，这人生的四大喜事，让你们小两口一天就赶上了两个，这才叫双喜临门呢！"一句话说得满堂喝彩。小王意犹未尽，接道："既然说到了雨，敝人有首打油诗，借此机会赠给两位新人。"说完接着吟道："好雨知时节，当婚乃发生。随风潜入夜，听君亲吻声。"一首歪诗，逗得新娘面颊绯红，引来满座欢笑。小王一席话确立了他在人群中的说话形象和说话风格，使他成了一个到处受欢迎的人。

在当今人际交往日益紧密频繁的时代，语言起着越来越重要的作用，只要我们以雍容豁达的态度对待生活，就会发现，生活中处处充满趣味和温情，充满欢乐和笑声！

引石攻玉法

俗话说："他山之石，可以攻玉。"此话说的是办事的一种方略，运用在说话中，则更有奇效。

唐宪宗曾问李绛："谏官中有很多人毁谤朝政，却没有事实根据，我想贬斥其中一两个言辞较激烈的，来儆戒其他人，怎样？"

李绛回答说："这恐怕不是陛下的想法，一定是奸邪的臣子用这种话来蒙蔽您的耳目。大臣的生死，取决于君主的喜怒，因此敢开口谏诤的又有多少？即使有劝谏的，事前也要昼思夜虑，把准备说的话早晨删去一点，晚上又删去一点，等到呈奏上来时，剩下的根本不到十之二三。所以君主孜孜不倦地寻找谏言，还怕找不到。何况还要加罪于敢谏的人呢！像陛下刚才所说的那样去做，就会杜绝天下人的正直言论，这不是社稷之福啊！"

宪宗赞扬了李绛的话，取消了惩办进谏者的打算。

文中李绛明知这是宪宗的主张，但他怎么敢与宪宗在观点上争论对错，只有把宪宗的主张引为臣子主张，加以毫不留情的反驳，让宪宗明白他的想法的利害关系，从而达到规劝的目的。引石攻玉，也可以说是言在此而意在彼，声东击西，假错他人之义，达到自己的目的。

宋太祖杯酒释兵权，就是一个典型的事例。

宋太祖夺得天下不久，就问赵普："从唐末以来，几十年间，换了十几个皇帝，征战不息，其原因何在？"

赵普回答说："因藩镇的势力太强大了，皇帝势弱而臣子势强，自然无法控制局面。当今之计，只有稍微削减他们的权力，控制他们的钱粮，收编他们的精兵，天下自然就会安定。"

话未说完，太祖就说："你不用再说了，我已经知道。"过了不久，太祖和老友故将石守信等人饮酒，酒酣耳热之际，命令左右伺候的人退下，对他们说：

"我如果不依靠你们的力量，不可能有今天的金殿龙袍，我将永远铭记你们的恩德，每时每刻都不忘记。然而做天子也十分困难，简直不如当节度使快乐。我现在整夜寝不安枕啊？"

石守信等人问："为什么呢？"

太祖说："这不难知道，身居我这个位置的人，谁不想将我干掉。"

石守信等人惶恐万分，向太祖叩头说："陛下为什么说出这样的话呢？"

太祖说："不是这样吗？你们虽然没有这个野心，但你们手下的人想富贵啊！一旦他们将皇袍给你们穿上，就是想不做皇帝，也是不可能的了。"

石守信等人都叩头哭泣道："我们虽愚蠢之至，还未到这种地步，只求陛下怜悯我们，给我们指出一条生路。"

太祖于是说："人生短暂，如白驹过隙。想求富贵的人，不过多得些金钱，使自己优裕享乐，使子孙不受贫乏之苦。你们何不放弃兵权。选择些好田宅买下来，为子孙创立永久的产业，多多购置一些歌姬舞女，成天饮酒作乐，以终天年。我们君臣之间也免去互相猜忌怀疑，不也很好吗？"

　　石守信等人再次拜谢太祖："陛下能替臣等考虑得这般周到细致，真所谓同生死的亲骨肉啊！"

　　第二天，他们几个人都以自己有病为由，无法继续任职，请求太祖解除了他们的兵权。

　　引石攻玉，用谈判语言来说也叫"引起竞争"，是谈判者可资运用、行之有效的基本谋略。

　　如《围城》中三闾大学中文系的汪主任给假洋博士方鸿渐出的主意，就是如此。华阳哲学系是否真要方鸿渐，无须考证，只要让高校长知道华阳哲学系在跟他争方鸿渐，就已达到目的。作为一种说话技巧，引石攻玉，不一定要引起竞争，只要能用引来的"石"将"玉"攻开，就已达到目的。但运用之时必须选准自己所需之"石"。

虚张声势法

　　虚张声势是以夸张的语言造成严重的形势。给对方造成强烈的震撼，以此说服对方，或脱离险境。

　　第二次世界大战之初，德国于1941年制定的建造几十艘潜水艇的计划很快要成为现实，需要有几千名德国青年来操纵这些新式秘密武器。正当许多青年把当潜水兵作为一种崇高的职业，争先报名参加杜尼兹海军上将的潜水艇部队时，许多地方出现了一种精心设计的传单：潜水艇被画成一个"钢铁棺材"，上有这样的文字："当潜水兵极其危险，寿命短，长时期同外界隔绝……"

同时，英国人在无线电广播中，开办针对德国人的节目，告诉德国人如何假装患某种疾病以避免当潜水员。原来，这是英国海军部一个代号为00－16－7的秘密部门，针对德国人很容易受到心理攻击的特点，运用心理学知识对德国进行的一次"心理战"。

这样一来，许多青年对当潜水兵产生了恐惧心理，放弃了报名。

由此可见，虚张声势让对方在心理上受到强烈的震撼，你的说服就会有效果。试想，聪明的英国人将潜水艇描绘成可怕的钢铁棺材，还有谁会愿去白白送命呢？

战国时，有一个名叫张丑的人在燕国当人质。

这一天，张丑听说燕王想杀死他，便急忙逃走。很快，他便来到燕国的边境，眼看离自由只有一步之遥了，不料却被燕国边境的巡官抓个正着，巡官以为这下立了大功，决定将张丑送回燕王处报赏。张丑心想，如果被送回去，肯定是死路一条，必须想办法逃走，思来想去，张丑终于想出一条妙计。

张丑对看守他的兵士说："快去叫你们的头儿，我有话跟他说。"

看守连忙前去禀报。不大一会儿，巡官过来了。

张丑神秘地对巡官说："你知不知道，你们燕王为何要杀我？"

"不知道。"

"为什么？"

张丑故意压低了声音说："燕王之所以要杀我，是因为有人说我有很多珠宝，而燕王却想要得到它们。事实上那些珠宝已经没有了，但是燕王不信任我。"

"这跟我有什么关系？"巡官不解。

"如要你现在把我送给燕王的话，他必定还要问我珠宝藏在何处。到时我就说，你把这些珠宝全吞在肚子里了。到时候……"

张丑故意抬高了声音："燕王肯定让你剖腹取珠，你的肚肠将被一寸一寸地割开。"

这时，巡官早已吓得不住地颤抖，赶紧放了张丑，让他逃出燕国。

生活中，假如跟你交谈的那个人固执己见，盲目自信，志得意满的话，要想使他改变主张，收回成见，转向你所设置的既定目标，有时就必须虚张声势，充分论述其原有想法或做法的危害，使其猛然警醒，继而听从于你。

将错就错法

掌握神奇机智的语言应变技巧，无论是在社会交往还是在商业谈判、发表演说等方面，都具有重要的作用。

我们在社交场合中，特别是处境尴尬时，将错就错的巧妙开脱往往比一味解释更具有奇妙的作用，它是机智应变语言的重要内容之一。

《世说新语》中记载了这样一个故事。

一天，魏文帝下旨传钟毓、钟会兄弟二人进宫，由于第一次见皇帝，二人心中不免紧张，钟毓出了一额头的汗。

皇帝见了便笑问老大钟毓："你怎么出汗了？"

"战战惶惶，汗出如浆。"钟毓一边擦汗一边回答。

魏文帝又问老二钟会："你怎么没出汗？"

"战战栗栗，汗不敢出。"钟会答道。

两人皆受到了魏文帝赏识。

清代大才子纪晓岚才华横溢，深得乾隆皇帝喜爱。纪晓岚也在乾隆面前无所顾忌，经常口出"狂言"。有一次，乾隆皇帝带着几个随从突然来到军机处。此时的纪晓岚正光着膀子和几个办事人员闲聊。其他人老远就看见皇帝上来了，连忙起身迎上前去接驾。纪晓岚是高度近视，刚开始没看见走在最后面的乾隆，等他明白怎么回事的时候，乾隆就快到了。

纪晓岚心想："就这样光着膀子接驾，岂不是冒犯龙颜？干脆一不做二不休，趁着别人不注意钻到桌子底下躲起来。"

这一切，早被乾隆看了个真真切切，他心中一阵好笑，有心想"整整"纪晓岚。

乾隆在椅子上坐定，示意其他人都不许出声，很长时间过去了，纪晓岚在桌子底下早就待不住了，心中纳闷：怎么进来之后就没动静了？这么长时间了，早该走了，该不是已经走了吧，想到这里纪晓岚压低了嗓门，喊道："喂，有人吗？老头子走了吗？"

满屋子的人都听到了，大家忍不住都想乐，一听纪晓岚喊"老头子"，心想这一下子可有好戏看了。

乾隆也听得真真切切，板起脸，厉声喝道："纪晓岚，出来吧。"

纪晓岚一听是乾隆的声音，心想："完了，完了，这回可完了。"只好无奈地从桌子下钻出来见驾。

乾隆一看纪晓岚光着膀子，满身大汗，惊慌失措的样子，心里一阵好笑："纪晓岚人称大清第一才子，居然这般模样。"接着故意装作生气的样子，大声喝道："大胆的纪晓岚，你不见驾也就罢了，居然还敢说朕是'老头子'，你什么意思？今天你要讲不清楚，要了你的脑袋！"

到了这种境地，纪晓岚反倒镇静了许多，一边擦汗，一边苦思对策。忽然他灵机一动，反正错了，错了就错说呗，不紧不慢地说道："万岁爷请息怒，刚才奴才称您为'老头子',只是出于对您老人家的尊敬,别无他意。"

乾隆一听更来气了:"尊敬?好,你给朕说说怎么个尊敬法。"

纪晓岚慢慢说道:"先说这'老'字,天下臣民每天皆呼皇上万岁,万岁,万万岁,您说这万岁、万万岁算不算'老'啊?"

乾隆没作声,只是点点头。

纪晓岚见乾隆有所应允,接着说:"再说这'头'字,家有千口,主事一人,如今皇上便是我大清国的主事之人,是天下万民之首,'首'者'头'也。故此称您为'头'。"

乾隆边听边眯着眼睛笑,很是满意。

"至于这'子'嘛,意义更为明显。皇上您贵为天子,乃紫微星下凡。紫微星,天之子也,因此您为'子'。这便是我称您老人家为'老头子'的原因。"纪晓岚说完轻轻舒了口气。

乾隆听完抚掌大笑:"好一个'老头子',纪晓岚你果然是个才子。"

在这里纪晓岚将错就错使皇上龙颜大悦,巧妙地为自己化解了一次险情。

第3章

好听才是硬道理，说话就要避免语言雷区

我们在生活中经常看到一肚子学问而讷于言辞的人，也经常听见不学无术的人废话连篇。所以，最恰到好处的说话是：既要有充实而有价值的内涵，又要把握分寸和火候，使人听得痛快，回味无穷。

话语中肯，言之有物

古语讲"至诚足以感人"，如果一个人所说的话语中肯，怎么会不受听众的欢迎呢？

1915年，科罗拉多州煤铁公司的矿工为了要求改善待遇，进行了罢工，因为公司方面处置不善，这次罢工又演变成了流血的惨剧，劳资双方都各自走了极端。这次罢工，持续了2年之久，成为美国工业史上一次有名的大罢工。那时管理矿务的人，就是美国石油大王洛克菲勒的儿子。这位小洛克菲勒，最初使用高压手段，请出军队来镇压，闹成了流血惨剧，不仅没有解决问题，反而使罢工的时间更延长下去，使他的财产，受到了更大的损失。后来，他改变方法，用了柔和的手段，把罢工的事情暂时置之不谈，特地去和工人为友，到各个工人的家中去慰问，使两方面的情感慢慢地转好起来。以后，他叫工人们组织代表团，以便和资方洽商和解。他看出了工人们已经对他稍稍释去了敌意，于是，便对罢工运动的代表们作了一次十分中肯的演说。这一次演说，把2年来的罢工风潮竟完全解决了。

他在那次演讲中说："在我有生之年，今天恐怕要算是一个最值得纪念的日子。我十分荣幸，因为我能够和诸位认识，如果我们今天的聚会是在两个星期之前，那么，我站在这里就会是一个陌生人了；因为我对于诸位的面孔的认识还只是极少数。我有机会到南煤区的各个帐篷里去看了一遍，和诸位代表都作了一次私人的个别谈话；我看过了诸位的家庭，会见了诸位的妻儿老幼，大家对我都十分的客气，完全把我看作自己人一般。所以，今天我们在这里相见，我们已经不是陌生人而是朋友了。现在，我们不妨本着相互的友谊，共同来讨论一下我们大家的利益，这是使人感到十分高兴的。参加这个会，是厂方的职员和工人的代表，现在蒙诸位的厚爱，我才能在这里和诸位相见并努力化除一切矛盾，彼此成为好友，这种伟大的友谊，我是终生不会忘掉的。我们大家的事业和前途，从此更是展开了无限的光明。在我个人，今天虽然是代表着公司方面的董事会，可是，我和诸位并不站在对立的地位，我觉得我们大家都是有着密切的关系和友谊的。我们彼此有关的生活问题，现在我很愿意提出来和大家讨论一下，让我们一起从长计议，获得一个双方都能兼顾到的圆满的解决办法，因为，这是对大家有利的事……"

小洛克菲勒的讲话，虽没有华丽的辞藻，但话语中肯，引起了矿工广泛的共鸣，一下使自己脱离了困境。

说话除了话语中肯之外，还要言之有物，两者相辅相成，才能达到预期的效果。

《周易·家人》："君子以言有物，而行有恒。"人们在日常生活中都会遇到这样的情况，不管是听别人作讲座，领导作报告，还是和周围的人聊天，都会碰到言之无物、空洞乏味的时候，上面讲得很热闹，下面听众却觉得困顿乏味，嫌内容假大空，虚无缥缈，不知所云。听众最怕听到的演讲言之无物，不知所云。

为什么会出现言之无物的情况呢？究其根本，问题在于谈话者、演讲者没有很好地理解自己的演讲内容。自己都不明白为什么要说话，怎么能期待给听众一个内容充实、言之有物的演讲呢？要解决这个问题其实并不困难，简单地说，就是要很充分地精心准备自己的演讲内容，在演讲、讲话之前比较透彻地理解问题。

有一天，林肯律师事务所来了一位步履蹒跚的年老寡妇，她是一位阵亡士兵的妻子。她向林肯泣诉，说她应该领取的400元的抚恤金，被一位发放抚恤金的官吏强索去200元的手续费。林肯听了勃然大怒，立刻为她向法庭对那位官吏提起诉讼。

开庭的时候，林肯用愤怒的目光看着被告，他所说的每句话都是十分中肯且言之有物，那种严正的态度、热烈的情感，几乎使他跳起来剥掉那个被告的皮："时间一直向前迈进，在1776年的英雄，已经成为过去了，他们是被安置在另一个世界中了。但是，那位英雄，已经长眠地下，他的年老衰颓而且又跛的遗孀，此刻来到我们的前面，请求替她申冤。在过去，她也是体态轻盈、声音曼妙的美丽少女，现在她贫无所依了，没有办法，只好来向享受革命先烈所争取到的自由的我们，请求给予同情的帮助和人道的保护。我现在所要问的是，我们是不是应该援助她？"

当林肯这样的一段中肯的话说完了，居然有人感慨地流下眼泪，大家一致认为那老妇人的抚恤金是分文不能少给的。法庭最后分文不少地追回了士兵遗孀的抚恤金，严肃审判了那个官吏。

话随境迁，顾及场合

说话要顾及场合。否则，再好的话题，再优美的话语也收不到好的效果，有时甚至会适得其反。试想，在跟朋友谈心时，像作报告那样拿腔拿调，在悲哀、肃穆的葬礼仪式上讲话，像相声演员那样通篇幽默之语，将会产生怎样的后果？所以，话随境迁的艺术第一强调的就是说话的场合。

所谓"境"，有社会环境、自然环境和说话的具体场景。这里指的主要是说话的具体场景，即由一定的时间因素、空间因素和交际情景有机组合而成的言语交际场合。交谈时，双方都要受特定场合的影响和制约。就说的一方而言，无论是话题的选择，还是话语形式的采用等，都要根据特定场合的需要来确定。

例如在话题选择上，在人家办喜事的场合，就不要谈使人丧气的话题；在人家悲痛的时候，一般忌谈逗乐的话题；在大庭广众中作演说、作报告，应当讲严肃的话题，而且话题要求集中。如果是聊天，则可以不断转换话题，甚至离题也有离题的乐趣。

从话语形式来说，一般需要按照常规形式说话，而在特定场合，又可灵活变通，组成特殊的话语形式，这样反而能够收到更为理想的效果。

首先，说话一般要求语句完善，符合语法规范，但在特定场合，却允许而且需要组织结构特殊的话语来传递信息。

例如，当汽车快到十字路口而司机仍未减速时，旁边的人只需提醒："红灯！"司机便会立即作出减速、刹车的反应。此时若旁边的人说出这样结构完整的复句："前面遇上红灯，这是不准前行的讯号，你应当减速停车，以遵守交通规则，保障安全。"这就有点过于严肃了。

因为司机头脑里早已储存有途中可能遇到的那些情况和应该作如何处理的信息，因此，只需用极简短的话语提示，他就立即会调动大脑中储存的有关信息去补充。这时的话语要特别简明，语气要特别急促。

虽然说话一般要求前后连接，语意明晰，但在特定场合又不得不采用断续跳落，甚至话题飞转的话语形式。

例如，当汽车停站后又启动时，忽听得一声急促的叫喊："车！车！车！——我还没下哩！"原来是一位妇女由于抱小孩，东西又多，来不及下车。妇女这话孤立起来看，意思不连贯，也不明确，但由于环境的参与，意思又是很明确的，加上词句的简明，语气的急促，效果十分强烈。

注意说话的语境和时境

说话的语境，即指语言本身所产生的说话环境、氛围等，是说话艺术中最不易把握的也是最常见的一种现象。不同的言语表达不同的内容，产生不同的气氛，如果不注意说话的语境变化，我行我素，一意孤行，不知变通，不仅起不到说话的效果，有时反而会使谈话无法进行下去。

学校为勤勤恳恳工作了几十年以及曾多次荣获"先进"的两位教师举行一个退休欢送会。

与会同志和领导对他们的工作和为人进行了热情洋溢而又非常得体的肯定和赞扬，相比之下，对那位曾多次荣获过"先进"的老同志的美誉尤多。当轮到两位受欢迎的退休老同志致答谢辞的时候，他们对大家的赞誉作了深情的感谢。

一时间，会场里充满了一种令人动情的温馨气氛。作为答谢，话本该说到这里为止。然而，那位老教师却并未就此打住，却由人们对另一位"先进"的赞扬引发了感触，并作了颇为欠妥的联想和发挥："说到先进，很遗憾，我从来也没有得过……"话犹未尽，坐在他对面的、平日与他相处得不很融洽的一位青年教师突然抢过话头："不，那是我们不好，不是你不配当先进，是怪我们没有提你的名。"话语中带着一种不肯饶人而又让人难堪的"刺"，冷不防，老教师的眼角眉梢被"刺"出了一种感伤的表情，一时间会场中出现了一种怏怏不悦的尴尬气氛。

一位领导见势不对，马上接过话茬，想把气氛缓和一下。照理说，这时，他应避开"先进"这个敏感的话题，转而谈论其他。然而，他却反反复复劝慰那位退休老教师，叫他对"先进"的问题不要在意，说没有评过先进，并不等于不够先进，先进不仅在名义，更要看事实。如此等等，一席话等于是把本应避而不谈的话题作了重复和引申，使本已尴尬的局面变得更为尴尬。

时境是诱发说话的欲望、内容的本源。

人们说出来的每一句话，都是观念形态的东西。马克思说："观念的东西不外是移入人脑的并在人的头脑中改造过的东西而已。"说话是意识活动的产物，不管是客观地介绍情况，还是主观地抒情议论，从根本上说，都只能来源于客观现实。因此，说话的欲望、内容等，都是说话人所感知的客观事物"移入"人脑之后产生的刺激诱发出来的。斯米尔诺夫在《心理学的自然基础》中指出："意识的根源不应到脑的外部，而应该到人的社会生活——人们最复杂的意识活动形式的真正源泉中去寻找。"

不爱说话的人，在令他兴奋的场合，也常常说起来没完没了。相反的，爱说话的人，在特殊的环境中，也会缄默不语。无论爱说或不爱说话的人，其说话欲望的诱发，都是与时境有关的。人们常说"有感而发"，就是有感于说话的时境而发的。

所谓"即兴演讲"，大多是说话的时境诱发了演讲者的欲望，使他兴致勃勃地讲起话来。俗话说："鼓不敲不响，钟不撞不鸣。"没有特定时境的诱发，往往不会有说话的产生。

时境在诱发说话欲望的同时，也为说话提供了可资谈论的话题。

老舍的话剧《茶馆》的第一幕有这样一个场面：街上兵荒马乱，正搜查谭嗣同的余党，庞太监进来说："天下太平了。圣旨下来，谭嗣同问斩！"这话一下子打破了茶馆里"莫谈国事"的沉闷局面，出现了新的说话时境。于是：

茶客甲：谭嗣同是谁？

茶客乙：好像听说过！反正犯了大罪，要不，怎么会问斩呀？

茶客丙：这两三个月，有些做官的，念书的，乱折腾乱闹，咱们怎能知道他们捣的什么鬼呀！

……

王利发：诸位主顾，咱们还是莫谈国事吧！

（大家安静下来，都又各谈各的事）

这时，关于谭嗣同的谈论议题，是新的说话时境提供的，随着茶馆掌柜王利发"莫谈国事"的忠告，又回到原来的时境状态。新的说话时境没有了，关于谭嗣同的话题也就结束了。说话的时境是现实生活中与说话主体最切近的部分，能被说话人直接感知，是摆在身边的说话材料，随时可以参与进来，成为谈论的话题。

言之有度，把握分寸

说话要有分寸，分寸拿捏得好，很普通的一句话，也会平添几许分量，话少又精到，给人感觉深思熟虑。而说话的分寸决定与你谈话的对象、话题和语境等诸多因素的需要。换句话说，要言之有度。

有度的反面则是"失度"，一般说来，对人出言不逊，或当着众人之面揭人短处，或该说的没说，不该说的却都说了。这些都是"失度"的表现。下面是一些在谈话中禁忌的话题，接触这些话题容易导致谈话"失度"，产生不良效果。

1. 随意询问健康状况

向初次见面或者还不相熟的人询问健康问题，会让人觉得你很唐突，当然如果是和十分亲密的人交谈，这种情况不在此列。

2. 谈论有争议性的话题

除非很清楚对方立场，否则应避免谈到具有争论性的敏感话题，如宗教、政治、党派等易引起双方抬杠或对立僵持的话题。

3. 谈话涉及他人的隐私

涉及别人隐私的话题不要轻易接触，这里包括年龄、东西的价格、薪酬等，容易引起他人反感。

4. 个人的不幸

不要和同事提起他所遭受的伤害，例如他离婚了或是家人去世等。当然，若是对方主动提起，则要表现出同情并听他诉说，但不要为了满足自己的好奇心而追问不休。

5. 讲一些品位低俗的故事

一些敏感话题，私下里说可能很有趣，但在大庭广众之下说，效果就不好了，容易引起他人的尴尬和反感。

在人际交往中，谈话要有分寸，认清自己的身份，适当考虑措辞。哪些话该说，哪些话不该说，应该怎样说才能获得更好的交谈效果，是谈话应注意的。

同时还要注意讲话尽量客观，实事求是，不夸大其词，不断章取义。讲话尽量真诚，要有善意，尽量不说刻薄挖苦别人的话，不说刺激伤害别人的话。

说话中听，深得人心

人与人之间沟通，懂得如何说话、说些什么话、怎么把话说到对方心坎里，这些都是很重要的地方。嘴上功夫看似雕虫小技，却有可能因此扭转你的一生。

西汉初年，汉高祖刘邦打败项羽，平定天下之后，开始论功行赏。这可是攸关后代子孙的万年基业，群臣们自然当仁不让，彼此争功，吵了一年多还吵不完。

汉高祖刘邦认为萧何功劳最大，就封萧何为侯，封地也最多。但群臣心中却不服，私底下议论纷纷。

封爵受禄的事情好不容易尘埃落定，众臣对席位的高低先后又群起争议，许多人都说："平阳侯曹参身受70处伤，而且率兵攻城略地，屡战屡胜，功劳最多，应当排他第一。"

刘邦在封赏时已经偏袒萧何，委屈了一些功臣，所以在席位上难以再坚持己见，但在他心中，还是想将萧何排在首位。这时候，关内侯鄂君已揣测出刘邦的心意，于是就顺水推舟，自告奋勇地上前说道：

"大家的评议都错了！曹参虽然有战功，但都只是一时之功。皇上与楚霸王对抗5年，时常丢掉部队，四处逃避，萧何却常常从关中派员填补战线上的漏洞。楚、汉在荥阳对抗好几年，军中缺粮，也都是萧何辗转运送粮食到关中，粮饷才不至于匮乏。再说，皇上有好几次避走山东，都是靠萧何保全关中，才能顺利接济皇上的，这些才是万世之功。如今即使少了100个曹参，对汉朝有什么影响？我们汉朝也不必靠他来保全啊？你们又凭什么认为一时之功高过万世之功呢？所以，我主张萧何第一，曹参居次。"

这番话正中刘邦的下怀，刘邦听了，自然高兴无比，连连称好，于是下令萧何排在首位，可以带剑上殿，上朝时也不必急行。而鄂君因此也被加封为"安平侯"，得到的封地多了将近1倍。他凭着自己察言观色的本领，能言善道，舌灿莲花，享尽了一生荣华富贵。

　　说话，要懂得什么时候说什么话；说了，还要为自己说过的话负责。一个人如果不是真材实料，如果没有真知灼见，从他嘴里吐出来的话也许能一时吸引他人，却不能一世蒙蔽他人。

巧设"台阶"，化解尴尬

　　在交际过程中，难免会遇到一些尴尬的事情，让气氛骤然紧张、难堪，学会给对方一个"台阶"下，不仅缓和了对方的紧张心理，让事情得以顺利发展，而且还会让彼此的关系得到进一步的增进。要达到这样的目的，我们不妨学习使用以下三种技巧。

1. 变换谈话的气氛

　　在一个严肃的场合，在场者常常会被一两件突发事件搞得哄堂大笑，这严重破坏了严肃场合的庄重气氛，不利于活动的继续推进。面对这类突发事件，我们应当表现出较强的自制能力，尽量不受其影响，然后拿出一如正常状态下的严肃态度来应付此事，使之成为正常环节中的普通一环。

　　第二次世界大战期间，一位德高望重的英国将军举办一次祝捷酒会。除上层人士之外，将军还特意邀请了一批作战勇敢的士兵，酒会热烈隆重。没料想一位从乡下入伍的士兵不懂席上的规矩，捧着面前的一碗供洗手用的水喝了，顿时引来达官贵人、夫人小姐的一片讥笑声。那位士兵一下子面红耳赤，无地自容。此时，将军慢慢地站起来，端着自己面前的那碗洗手水，面向全场贵宾，充满激情地说道："我提议，为我们这些英勇杀敌、拼死为国的士兵们干了这一碗。"言罢，一饮而尽，全场为之肃然，气氛一下变了过来。少顷，人人均仰脖而干。此时，士兵们已是泪流满面。

2. 变换话题的角度

在许多情况下，面对尴尬下不来台是因为思维框定在正常的状态之中，这对事态的发展毫无作用。如果我们换一种角度对其尴尬的举动作出巧妙、新颖的解释，便可使原本的消极举动具有了另外的内涵和价值，成为符合常理的行动。

有一次，全校语文老师来听王老师讲课，校长也光临"指导"，这下可使小王犯难了。他既怕课讲得不好，又担心有的学生回答时成绩不佳，有失面子。

课上，他重点讲解了词的感情色彩问题。在提问了两位同学取得良好效果后，接着提问校长公子："请你说出一个形容某人的美丽的词或句子。"

或许是课堂气氛紧张，或许是严父在场，也可能兼而有之，这位公子一时为难，只是站着。

空气凝固。王老师和校长都现出了尴尬的脸色。很快，这位老师便恢复正常，随机应变地讲道："好，请你坐下，同学们，这是最完美的答案，他的意思是这个人的美丽是无法用文字和语言来形容的。"

听课者都发出了会心的微笑。

3. 变换对方的处境

突然间发现别人的失误或错误行为，但当这些失误或错误行为不会导致重大的损失出现时，我们应尽量克制自己的情绪，以平静如常的表情和态度装作不解对方举动的实际意图和现实后果，并且给对方找到一个善意的动机，变换对方的处境，让事态的发展朝自己所希望的方向推进，以免把对方逼到窘迫的境地。

一天中午，汪老师路过学校后操场时，发现前两天帮助搬运实验器材的几位同学正拿着一枚实验室特有的凸透镜在阳光下做"聚焦"实验。他想：他们哪来的透镜？难道是在搬运时趁人不备拿了一枚？实验室正丢了一枚。是上去问个究竟，还是视而不见绕道而去？这时，一位同学发现了他，其余的慌忙站了起来，手拿透镜的同学显得很不自在。汪老师从同学们慌张的神情中可以进一步判断这透镜的来历。当时空气就像凝固了似的，一分一秒也不容拖延。汪老师快速地构思，终于想出一个处理办法，他笑着说："哟，这枚透镜原来被你们找到了。"凝固的空气开始流通起来。接着他用略带感激的语调补充道："昨天我到实验室准备实验器材，发现少了一枚透镜，以为是搬运过程中丢失了，沿途找了好几遍都未能找到，谢谢你们帮我找到了这枚透镜。这样吧，你们继续实验，下午还给我也不迟。"同学们轻松地点了点头，空气依旧是那么温暖，那么清新。

轻松自如开玩笑，亦庄亦谐不过分

几个好朋友聚在一起时，大家开开玩笑，相互取乐，说话不受拘束，原是一件让人高兴的事。不过凡事有利也有弊，乐极生悲，因开玩笑而使朋友不快的事情也常常遇到。因此，有的人竟认为谈话时开玩笑应该避免。这是大可不必的。如果好朋友见面连开玩笑的话也不许说，那么生活也未免太乏味了。所以，生活中我们真正要注意的开玩笑的方法，即不开过分的玩笑。

那么，开玩笑之前，你先要注意你所面对的对象是否能受得起你的玩笑。一般来讲人可分为三类：第一种，狡黠聪明。第二种人，敦厚诚实。第三种，则介乎两者之间。对第一种人，即狡黠聪明的人开玩笑，他不会使你占便宜的，结果是旗鼓相当，不分高下。第二种，敦厚诚实者，则无还击之计，亦无抵抗之力，这种人喜欢和大家一齐笑，任你如何把他取笑，他脾气绝好，不会动怒。对第一、第二种人，你可以看看对方的情形，而知道能否开玩笑。唯有介乎两者之间的那种人，最应认真对待。这种人大概也爱和别人笑在一起，但一经别人取笑时，既无立刻还击的聪明机智，又无接纳别人玩笑的度量，如果是男的则变为恼羞成怒、反目不悦，如果是女的就独自痛哭一顿，说是受人欺侮。所以，开玩笑之前，要先认识对方，最为安全。其次，要适可而止。开玩笑，一两句说过便完了，不要老是开一个人的玩笑，也不要连续开好几个人的玩笑，不然你必招来非议。

开玩笑本来是一种调解谈话气氛的良好方式，但使对方太难堪了，亦非开玩笑之道。你笑你的同学考试不及格，你笑你的朋友怕老婆，你笑你的亲戚做生意上了当而蚀本，你笑你的同伴在走路时跌了跤……这些都是需要同情的事件，你却拿来取笑，不仅使对方难于下台，且表现出你的冷酷。同样地，不可拿别人生理上的缺陷来做你开玩笑的资料，如斜眼、麻面、跛足、驼背等等，别人的不幸，你应该给予同情才是。如果在谈话的人中，有一位在生理上有缺陷，那么在谈话中，最要避免易使人联想到缺陷的笑话。

例如：有一天，几个同事在办公室聊天，其中有一位李小姐提起她昨天配了一副眼镜，于是拿出来让大家看看她戴眼镜好看不好看。大家不愿扫她的兴都说很不错。这时，同事老王因此事想起一个笑话，便立刻说出来："有一个老小姐走进皮鞋店，试穿了好几双鞋子，当鞋店老板蹲下来替她量脚的尺寸时，这位老小姐是个近视眼，看到店老板光秃的头，以为是她自己的膝盖露出来了，连忙用裙子将它盖住，她立刻听到了声闷叫。"混蛋！"店老板叫道，"保险丝又断了？"

接着是一片哄笑声，谁知事后李小姐再未戴过眼镜，而且碰到老王再也不和他打一声招呼。

其中的原因不说自明。说者无心，听者有意，在老王来想，他只联想起一则近视眼的笑话。然而，李小姐则可能这样想：别人笑我戴眼镜不要紧，还影射我是个老小姐。

所以，说笑话要先看看对哪些人说，先想想会不会引起别人的误会。像上例中的老王严重地伤了一个人的自尊，却是他始料不及的。

针锋相对乱"抬杠"，自以为是惹人厌

在我们的周围，有些人喜欢抬杠，只要和别人一搭上话就针锋相对，无论别人说什么，他总要加以反驳，其实他自己一点主见也没有。不过当你说"是"时，他一定要说"否"，到你说"否"的时候，他又说"是"了。这是一种极坏的习惯，事事要占上风，处处自以为是。生活中，如果你不幸成了那样的人，那请认真地听从别人的告诫。

即使你真的比别人见识多，也不应该以这种态度去和别人说话。这种不良习惯使你自绝于朋友和同事，没有人愿意给你提意见或建议，更不敢向你提一点忠告。你或许本来是一个很好的人，但不幸染上了这种习惯，朋友、同事们都远你而去了。唯一改善的方法是养成尊重别人的习惯。首先你要明白，在日常谈论当中，你的意见未必都是正确的，而别人的意见也未必就是错的。把双方的意见综合起来，你至多有一半是对的。那么，你为什么每次都要反驳别人呢？

大概有这种坏习惯的人当中，聪明者居多，或者是些自作聪明的人，也许他太热心，想从自己的思想中提出更高超的见解，他以为这样可以使人敬佩自己，但事实上完全错了。一些平凡的事情，是没有必要费心进行高深的研究的。至少我们平常谈话的目的，是消遣多于研究吧，既然不是在研究讨论问题，又何必在一些琐碎的事情上固执已见呢。另外有一点应该注意，那就是在轻松的谈话中不可太认真了。

别人和你谈话，他根本没有准备请你说教，大家说说笑笑罢了。你若要硬作聪明，拿出更高超的见解（即使确是高超的见解），对方也绝不会乐意接受的。因此，你不可以随时显出像要教训别人的神气。

当你的同事向你提出建议时，你若不能立刻表示赞同，但起码表示可以考虑，不可马上反驳。假如你的朋友和你聊天，那你更应注意，太多的执拗能把有趣的生活变得枯燥乏味。

如果别人真的犯了错误，而又不肯接受批评或劝告，你也不要急于求成，不妨往后退一步，把时间延长一些，隔几天再谈，否则，大家固执不但不能解决问题，反而伤害了感情。因此，在社交中，随时考虑别人的意见，不要做一个固执的人，唯有这样，才能获得人们的赞赏和喜爱。

大量事实说明，人们谈话时都有一个目的：想知道别人对某件事的看法是否和自己相同，并进一步希望别人赞同。如果别人的看法与自己的略有不同或大不相同，便会感到极不舒服，甚至立即不高兴起来，这是一种很正常的情绪反应，当然这也是一种很不利于人际交往的现象。因此，人们在日常交往中更应该注意的是学会控制自己的情绪，切莫自以为是，即使在别人不同意你对某事的看法时，也应该显得对此很有兴趣。

所以，当你听到别人的意见和你一样时，你要立刻表示赞同。不要以为这样做会被人认为你是随声附和，因而就不吭声了。不吭声，虽然不会被人误解为随声附和，却也容易使人认为你并不同意。

同样，当你听到别人的意见和你不一致时，你也要立刻表示你什么地方不同意、为什么不同意。不要以为这样做会伤害彼此的感情而不吭声。

有话就是要好好说

狄摩西尼曾说："一条船可以由它发出的声音知道它是否破裂，一个人也可以由他的言论知道他是聪明还是愚昧。"

同样的道理，在生活中，我们往往用内心的思想来评断自己，但是，别人却会从你口里说出来的话来评断你这个人。

纪晓岚是众所皆知的机智才子，此外，他还是个绝佳的沟通高手。纪晓岚在小的时候就已经有非常了不起的语言才能了。有一次，他和几个孩子在路边玩球，一不小心，把球丢进了一个轿子里。

大家匆匆忙忙地跑过去一看，这可不得了！轿子里坐的竟然是县太爷，不仅如此，那只皮球还不偏不倚地击中了他的乌纱帽。

"是谁家的孩子胆敢在这里撒野？"乌纱帽被天外飞来的一球打歪的县太爷怒斥道。孩子们一哄而散，唯独纪晓岚挺着胸膛，走上前去想讨回皮球。

纪晓岚恭敬地对县太爷说："大人政绩卓越，百姓生活安乐，所以小辈们才能在这里玩球。"

县太爷一听，气马上消了一半，他笑着说："真是个小鬼灵精！这样吧，我出个上联给你对，要是你对得上，我就把球还给你。"

县太爷环顾了一下四周，出了道题目："童子六七人，唯汝狡？"

纪晓岚眼睛一转，说出了下联："太爷二千石，独公……"

"独公什么？赶快说啊！"

"大人，如果把我的球还给我就是'独公廉'，要不然就是'独公……'"纪晓岚故意支支吾吾地不说下去。

县太爷看到这种情形，不由得哈哈大笑，他一边把皮球还给纪晓岚一边笑骂道："好小子，真有你的。我才不要中了你的圈套，成了'独公贪'咧！"

一言定江山，一个人的谈吐便有可能改变他的一生。20世纪60年代，美国有一位民权运动者，在街头巷尾宣传"种族平权运动"。他的声音冷静，但用字遣词充满张力，一波接着一波的言语像一首交响乐，以一种锐利的形势层层迭上、推进人心。

当他终于以最深沉的嗓音嘶吼出"我有一个梦！我有一个梦"时，台下的群众全被震慑住了，他们疯狂地响应着："阿门！阿门！"

这个名叫马丁·路德·金的民权运动者，便以这篇著名的《我有一个梦》的演讲席卷全国，改写了美国的历史。

征服一个人，以至于征服一群人，有很多时候用的往往不是刀剑，而是舌头。因此，可以说，有话好好说，把好话说好，生活无形中就多了一种资本。

三思后说，多言无益

会说话的人，不一定是说话最多的人，话贵在精，多说无益。

日本一家大汽车公司的经理，想订购大批用于车厢内坐垫的绒布。有三家商店送来了货样，想承揽这笔大生意。经理看过这三家商店的样品，便约定一个日期，请这三家商店派人去商谈。

因为这是一笔大生意，所以这三家商店，当然各自选取口才好的职员前去。甲、乙两店派去的都是长于言谈的人，丙店所派的人口齿也很伶俐，然而这一天他竟不幸得了喉病。

他要是因病请假，那么眼看一笔巨大的生意因自己而失去，未免有些对不起店主；如果前去应命，那么，他患着喉病，又不能开口说话。犹豫半天，他还是去了。到了后，他看到甲、乙两店所派的职员口若悬河，把他们自己的商品形容得天上少有地下绝无。他没有办法，只好用纸写道："我今天有着喉病，我不能说话，就不说了，反正货您已看过了，我说多了也无用处。"可没想到那家汽车公司的经理竟说："那不要紧，我来试代你说吧。"

真想不到，这位经理竟帮他把货物分析得一清二楚。于是，丙店最后接下了这笔巨大的生意。

上面这个例子，虽然有些偶然，但也并不是全无道理，我们常讲"言为心声"，"真心"自然不需要过多"表白"。

朋友之交，贵在交心

我们常看到，许多人因为喜欢表示和别人不同意见而得罪朋友。因此，常常有些人总是规劝朋友不可以在意见上与朋友作对、冲突。这种看法其实很片面，很肤浅。无论一个人多么爱面子，几乎无一例外都更喜欢忠实的朋友。

俗话说，朋友多了好办事。人在社会中，与其说是与亲人在共处这个社会，不如说是与朋友在共处这个社会。朋友可以遍天下，可以在通讯录上记一长串，可以上天揽月，可以下海捉鳖，于是鱼龙混杂，亦属常事，关键看我们

81

怎么去结交，这是一门真正的艺术，学会不易，但亦有迹可循。

1. 多使用令人愉悦的词汇与朋友谈心，志同道合才能无话不谈

与新朋友交往时，如果想了解对方的一切，就要适当提问，鼓励对方多谈，例如多用使人愉悦的词汇，像"快乐""相信""轻松""有趣""的确"之类。也可以迎合对方的兴趣，如注意找到对方感兴趣或擅长的话题，如球赛、钓鱼等。或直接主动提出你能给对方带来的好处，例如你在某方面熟人多，有事愿意帮忙等。还要满足对方的自尊，如果对对方的某一方面很欣赏，一定要告诉他。如果对方不愿意交往，不可操之过急，必须察觉对方亦愿意与你加深友谊，才可与他更进一步地交往。

2. 坦诚的话能够赢得朋友的信任

如果交往中出了问题，你要先承担责任。知道你肯认错并肯负责，别人会放松对你的防范，也较愿意听你解释。当然，解释要和情况的严重性相符合，例如，约会迟到了10分钟，说你的"表停了"或"堵车了"都无妨，但如果你害得别人没赶上车或误了看演出，这些理由就说不过去了，如果自己都不能原谅自己，就别找什么理由了，不妨坦陈自己的错误，以取得朋友的谅解。

3. 不在朋友面前说他人的坏话

如果你在别人背后说人坏话被人知道了，不要否认你说过的话，否则人家不但不相信你，还会看不起你。你不妨承认道："很抱歉我说了那些话，更抱歉让你听到了。"

如果是因失言而受人责问，可以诚恳地说："对不起，我失言了。"或"真抱歉，我忘了，但我绝对不是故意的。"

当撒谎揭穿时，只要说："真糟糕，被你识破了，我认错。"

如果你要解释为什么撒谎，只会使对方的气更大。如果在别人家作客，不

慎打破了人家的珍贵装饰物，应该立刻表示你会设法买一个赔偿。假如你太太说错了话或做错了事使你当众难堪，切莫当众指责，否则会使大家不欢而散。如果你不懂别人在谈什么或笑什么时，可当场向一个人请教。

4. 在朋友面前保持信誉

最好尽量少下最后通牒，除非别人真正了解这件事对你非常重要，否则这一招不会见效。不到万不得已时，不要下最后通牒，如果有别的办法，要先试一试。不要轻易地把自己逼到背水一战的境地。如果有必要的话，在头脑冷静、思维清晰的时候下最后通牒，但绝不要在盛怒之下，或绝望之余下最后通牒。最后通牒发出后，如果对方还要与你争论，你就结论性地说："我已经受够了，现在就按我说的办。"然后离开。有时为了避免最坏的后果，也可以提供两种有明确区别的选择，例如你对别人下最后的通牒："一个小时内把你的文件整理好，否则统统丢到垃圾箱里去。"

如果通牒发出，也要有说到做到的决心，只要有一次没兑现，以后对方就不会把你的最后通牒当回事。切记结果不一定会如你所愿，换言之，对方不一定会按你所希望的那样去做。

第4章

巧妙设计好话题，跟谁都能说上话

　　许多人以为口才好的人，是因为他们天生就是伶牙俐齿，很会说话，什么都可以说，谈什么都很动听。这种看法是片面的、肤浅的。固然，口才有赖于相应的训练，但口才的基础则来自于一个好的话题。没有话题的支撑，就会陷入无话可谈的尴尬境地。而怎样设计出一个有利于良好沟通的话题内容，需要培养善于思考、观察的习惯和广泛的兴趣，多积累丰富的知识和生活常识。

怎样选择话题

若要衡量一次谈话的成败，那么首先要审视交谈的话题，因为话题的好坏，直接影响了交谈的结果，是交谈的第一要素，不容轻视，更不能忽视。因此，在交际中，我们对每一次交谈的话题都应该精心选择，不要随心所欲张口就来，若如此，你还未进入交谈，就已经危机四伏了。而事实上，你仔细观察就会发现，在交谈中处于劣势的一方常常是寻找话题的责任者。例如，在求人办事的过程中，求人者需要仔细挑选交谈的话题；在谈生意的过程中，希望合作的一方则有选择交谈话题的义务；至于在情侣的交谈场合中，往往会听到男人喋喋不休地谈论这种或那种事，而单位如何如何，通常是最常见的话题。那么，如果这对恋人是在同一个单位上班的话，这倒是个很不错的话题；否则，一定会使女方觉得无味。例如，假若男方是在汽车配件公司工作，于是他一直谈着汽车零件或机械构造方面的事，那一定会使女友听得发呆，而不知应从何答起。

因此，聪明的男人应该站在关怀对方的立场去和对方交谈，尤其是采取主动的男人更应该注意，无论如何，关怀对方总会令人觉得愉快。另一方面，作为被动的一方，女性对于不懂的话题，也不要显出漠不关心的样子。虽然，这是个很不好应付的场面，但原则上，只要你对每一件事都具有强烈的好奇心，那应该就不会有不感兴趣的话题出现才对。

其实，一些你本来不感兴趣的话题，也会带给你意外的收获，使你受益匪浅，比如说，以后和别人谈话时，如果再提到这个话题的话，你就可以说：

"我上一次也和某人谈论过这件事……"这样，就有新话题了。

一般来说，与老人闲谈是很有趣的。现在的年轻人，都具有强烈的个人意识，往往不愿听人教导，但如果好好地听一次，你会发现很有趣、很有用的一面，听完后，你若觉得有要批评的话，再去批评也不迟。当然，有时也免不了会觉得他们所说的话很无聊或是太落后，但是，不管怎么说，老人家的经验多，知识丰富，因此谈话的内容往往会很精彩，值得一听。

有的年轻人除了流行话题以外，对其他的话题都不感兴趣，这种做法已限制了话题的范围，那你怎么能成为说话的高手，又怎能成为受人欢迎的人？

看到这里，也许就有人马上会问："那我和别人交谈时，到底要怎么做呀？"老实说，要寻找话题并不是一件很困难的事。因为，在你的生活环境中，只要能看得到的东西，都可拿来当作话题，例如报纸、电视、网络、自己的经验感受等。聪明的你，是不是已经找到寻找好话题的方法了呢？

积累说话的素材才能侃侃而谈

说话是一门艺术，所能表达的内容包罗万象，如果只在技巧上下工夫，而忽略了自身素质的培养和知识的积累，只能是舍本逐末，徒有一副空架子。

而在现实生活中许多人以为口才只是口上之才，以为口才好的人，只是因为他们很会说话，而自己是因为没有掌握说话的技巧，才不会说话的。他们看见许多口才好的人什么都可以说，谈什么都很动听，就觉得他们口齿伶俐。这种看法是片面的、肤浅的。固然，口才的能力有赖于相当的训练，但口才的实际基础是他们善于思考、善于观察、兴趣广泛、常识丰富，以及具有强烈的同情心和责任心。"巧妇难为无米之炊"说的就是这个道理。

追本究源，一个口才好的人，必须经常在观察和思考上下工夫。他们不断地扩充自己的兴趣，积累自己的知识，培养自己的同情心和责任心。他们谈话的题材源泉是非常充实的，而那些认为自己口才不好的人呢？是不是每天看报纸？看报纸的时候，是不是只看看副刊上的小说消遣而已？看电视的时候，是不是同时也很注意重要的国际及本地的新闻呢？是不是很留心地去选择节目？是不是随便听听就算了呢？是不是选择有意义的、精彩的电影和戏剧？是不是看电影时集中精神地去欣赏，而不是坐在影院里打瞌睡？

著名剧作家曹禺曾说："哪一天我们对语言着了魔，那才算是进了大门，以后才有可能登堂入室，成为语言方面的富翁。"那么，我们应该怎样来具体学习、锤炼语言呢？下面介绍几种可行、有效的方法。

1. 多读书，多看报，积累丰富的知识和日常信息

日常生活中，我们每天都离不开报纸、杂志和书籍。在读书看报时，把所见到的好文章或让自己心动的话语记下来。每天坚持做，哪怕一天只记一两句，也是很有意义的。日积月累，在谈话的时候，你也许就会不经意地用上它们，从而使自己的讲话内容丰富起来。

2. 善于学习，积累优美的诗文佳句、锦言妙词，才能出口成章

对于谈话的题材和资料，一方面要认真地去吸收，另一方面要好好地去运用。懂得如何运用，可以使一句普通的话发挥出惊人的效果。学习吸收的目的是为了很好地应用，不能应用的吸收毫无意义。

俗话说："熟读唐诗三百首，不会做诗自会吟。""穷书万卷常暗诵"，吟咏其中，则可心领神会，产生强烈的兴味。摸熟语言的精微之处，则会唤起灵敏的感觉；熟悉名篇佳作的精彩妙笔，则会获得丰富的词汇，自己演说和讲话时，优美的语言亦会不召自来，这并非天方夜谭之事。只要我们潜心苦读，勤记善想，揣摩寻味，持之以恒，就能尝到醇香厚味，如果反复地用，不断地学，久而久之就可以像郭沫若所说的那样"于无法之中求得法，有法之后求其他"了。

3. 注意搜集并积累警句、谚语，在关键时刻用话语画龙点睛

在听别人的演讲或别人的谈话时，随时都可以听到表现人类智慧的警句、谚语。把这些话在心中重复一遍，记在本子上，久而久之，你谈话的题材、资料就越来越多，说起话来也就越来越条理清楚，出口成章。

4. 提高观察问题、思考问题的能力，培养语言缜密的逻辑思维能力

提高自己的表达能力，就要不断提高自己观察问题、思考问题时的敏锐性，丰富自己的学识与经验，并增强想象力与敏感性。随着表达能力的提高，你的生活也将丰富多彩，整个人的个性素质和各方面的能力都会提高，从而成为一个说话高手。

开弓没有回头箭，说好第一句是关键

俗语说："开弓没有回头箭。"在社交场合中，我们与人打交道，所说的第一句话就相当于这把箭（无法收回），它决定了你将要谈话的心态，也暗含了你谈话的动机。特别与人初次见面，第一句是留给对方的第一印象，也是给对方此次谈话要旨的第一个信号。因此，说好第一句话便关系重大。常见的有三种方式。

1. 攀亲式

三国时，赤壁之战中，鲁肃见诸葛亮的第一句话是："我，子瑜友也。"子瑜，就是诸葛亮的哥哥诸葛瑾，他是鲁肃的同事挚友。短短的一句话就定下了鲁肃跟诸葛亮的交情。

其实任何两个人，只要彼此留意，就不难发现双方有着这样或那样的"亲""友"关系。例如：

"你是复旦大学毕业生，我曾在复旦进修过两年。说起来，我们还是校友呢！"

"您是体育界老前辈了，我爱人可是个体育迷；您我真是'近亲'啊。"

"您来自苏州，我出生在无锡，两地近在咫尺。今天得遇同乡，令人欣慰！"

2. 问候式

"您好"是向对方问候致意的常用语。如能因对象、时间的不同而使用不同的问候语，效果则更好。对德高望重的长者，宜说"您老人家好"，以示敬意；对年龄跟自己相仿者，称"老×（姓），您好"，显得亲切；对方是医生、教师，说"李医生，您好""王老师，您好"，有尊重意味。节日期间，说"节日好""新年好"，给人以祝贺节日之感；早晨说"您早""早上好"则比"您好"更得体。

说好第一句话，仅仅是良好的开始。要谈得有味，谈得投机，谈得其乐融融，还有两点要引起注意。

第一，双方必须确立共同感兴趣的话题。有人以为，素昧平生，初次见面，何来共同感兴趣的话题？其实不然。生活在同一时代，只要善于寻找，何愁没有共同语言？一位小学教师和一名泥水匠，似乎两者是话不投机的。但是，如果这个泥水匠是一位小学生的家长，那么，两人可就如何教育孩子各抒己见，交流看法，如果这个小学教师正在盖房或修房，那么两者可就如何购买建筑材料，选择修造方案沟通信息，切磋探讨。只要双方留意、试探，就不难发现彼此有对某一问题的相同观点，某一方面共同的兴趣爱好，某一类大家关心的事情。有些人在初识者面前感到拘谨难堪，只是没有发掘共同感兴趣的话题而已。

第二，注意了解对方的现状。要使对方对你产生好感，留下不可磨灭的深刻印象，还必须通过察言观色，了解对方近期内最关心的问题，掌握其心理。例如，知道对方的子女今年高考落榜，因而举家不欢，你就应劝慰、开导对方，说说"榜上无名，脚下有路"的道理，举些自学成才的实例。如果对方子女决定明年再考，而你又有自学、高考的经验，则可现身说法，谈谈高考复习需注意的地方，还可表示能提供一些较有价值的参考书。在这种场合，切忌大谈榜上有名的光荣。即使你的子女已考入名牌大学，也不宜宣扬，不能津津乐道，喜形于色，以免对方感到脸上无光。

3. 敬慕式

对初次见面者表示敬重、仰慕，这是热情有礼的表现。用这种方式必须注意，要掌握分寸，恰到好处，不能乱吹捧，不说"久闻大名，如雷贯耳"一类的过头话。表示敬慕的内容应因时因地而异。

例如：

"您的大作我读过多遍，受益匪浅。想不到今天竟能在这里一睹作者风采！"

"今天是教师节，在这光辉的节日里，我能见到您这颇有名望的教师，不胜荣幸。"

"桂林山水甲天下，我很高兴能在这里见到您——尊敬的山水画家！"

妙趣横生是闲谈，大珠小珠落玉盘

有人说，细节决定一切，谈话也是一样。往往重视每次谈话细节的人，正是那些被称为说话高手的人，他们之所以成为口才高手，是因为他们不轻易放过任何一次交谈的机会，把说话的有利战果尽收囊中，即唐代大诗人白居易《琵琶行》中形容的"大珠小珠落玉盘"。

在我们日常交际中，除了一些业务性质的交谈，一开始就要进入正题之外，一般社交性质的谈话，多半是从"闲谈"开始的，如果说正式交谈是"大珠"，那么"闲谈"可说是"小珠"。有些人就是不喜欢"闲谈"，他们觉得"今天天气怎样"和"吃过早饭了吗"这一类的话，都是无聊的废话，他们不喜欢谈，也不屑于谈，他们不知道像这一类看来好像没有意义的话，却对接下来的正式交谈起着至关重要的作用。什么作用呢？就是交谈的准备作用，好比在踢足球之前，蹦蹦跳跳，伸手伸脚的热身运动。

一般的交谈总是由"闲谈"开始的，说些看来好像没有什么意义的话，其实就是先使大家轻松一点，熟悉一点，形成一种有利交谈的气氛。

当交谈开始的时候，我们不妨谈谈天气，而天气几乎是中外人士最常用的普遍的话题。天气对于人生活的影响太密切了，天气很好，不妨同声赞美；天气太热，也不妨交换一下彼此的苦恼；如果有什么台风、暴雨或是季节流行病的消息，更值得拿出来谈谈，因为那是人人都关心的。

开始交谈，的确是需要相当的经验，当你面对着各式各样的场合，面对着各式各样的人物，要能做得恰到好处，实在不是一件容易的事。倘若交谈开始得不好，就不能继续发展彼此之间的交往，而且还会使得对方感到不快，给对方留下不好的印象。

自然，亲切有礼、言辞得体是最重要。然而做到这一点，也不能说就一定会收到良好的效果。

因此，平时除了你最关心、最感兴趣的问题之外，还要多储备一些和别人"闲谈"的资料。这些资料往往应轻松、有趣，容易引起别人的注意。

（1）家庭问题。关于每个家庭里需要知道的各方面的知识，例如儿童教育、购物经验、夫妇之间怎样相处、亲友之间的交际应酬、家庭布置……这一切，也会使多数人产生兴趣，特别对于家庭主妇们。

（2）运动与娱乐。夏天谈游泳，冬天谈溜冰，其他如足球、羽毛球、篮球、乒乓球，都能引起人们普遍的兴趣。娱乐方面，像盆栽、集邮、钓鱼、听音乐、看电影，什么地方可以吃到著名的食品，怎样安排假期的节目……这些都是一般人饶有兴趣的话题。当有特别卖座的好影片上映的时候，这些更是热闹的闲谈资料。

（3）健康与医药。谈谈新上市的药品，介绍著名的医生，对流行病的医疗护理，自己或亲友养病的经验；怎样可以延年益寿，怎样可以增加营养，怎样可以减肥……这一类的话题，不但能吸引人的注意，而且实在对人有很大的好处。特别遇到自己或家人健康有问题的时候，假如你能向他提供有价值的意见，那他更是会对你非常感激的。事实上，有哪一个人、哪一个家庭没有这方面的问题呢？

（4）无伤大雅的玩笑。例如，语言上的误会，或是办事摆了个乌龙，等等，这一类的笑话，多数人都爱听。如果把别人闹的笑话拿来讲，固然也可以得到同样的效果，但对于那个闹笑话的人，就不免有点不敬。讲自己闹过的笑话，开开自己的玩笑，除去能够博人一笑之外，还会使人觉得自己很随和，很容易相处。

（5）惊险故事。特别是自己或朋友亲身经历的惊险故事，最能引起别人的注意。人们的生活往往不是一帆风顺的，每天大家照常吃饭，照常睡觉，可是忽然大祸临头了，或是被迫到一个很远的地方，路上可能遭遇到很多危险……怎样应付这些不平常的局面，怎样机智地或是幸运地在刻不容缓的时候死里逃生，都是一个人永远不会漠视的题材。

（6）政治和宗教。这两方面的问题最容易引起人们谈话的兴趣，倘若你遇到的人在政治上和你见解颇为接近，或是具有共同的宗教信仰，那这方面的话题，就变成最生动、最热烈、最引人入胜的了。

（7）轰动一时的社会新闻也是热闹的闲谈资料。假使你有一些特有的新闻或特殊的意见和看法，那足够可以把一批听众吸引在你的周围。

（8）笑话。当然，人人都喜欢笑话，假如你构思了大量各式各样的笑话，而又富有说笑话的经验，那你恐怕是最受人欢迎的人了。

（9）特长。每个人都有自己的特长或者是兴趣和爱好，而每个人都对自己的特长有一定程度的关心。只要我们在与人交往中用心去观察，就很容易发现对方的长处，而在与之闲谈时投其所好，让对方因此而很快对你这个人感兴趣，从而轻轻推开交谈的大门。

开始话题的几种方式

在人际交往中，开始话题的选择对谈话的成功与否，起着至关重要的作用。首先谈话前要考虑气氛好坏、关系深浅和自己的谈话目的，即在心里解决了"为什么谈"，再来选择适当的谈话主题，开始进入"谈什么"的阶段。

一般而言，开场白有三种不同的方式：

（1）提出问题。

（2）陈述事实。

（3）说出意见。

此外，比较保险的做法是谈论对方或自己的专长、目前进行的工作或最近发生的新闻事件。你要考虑到哪些话题适合用来刺激沉默寡言的人，要刺激这些人的心灵，让他们发表意见，不妨引入以下几方面的话题：感恩、尊敬、宽宏大量、仇恨、道德等。为了掌握谈话气氛，你要善于从对方的开场白中判断他的心理状况。例如，当你问候别人"你好吗"时，对方的回答是："哎！别提了。"这时候你几乎可以断定他会向你大吐苦水。相反地，如果对方用兴奋的语调回答说："好极了，你怎么样？"你可以断定他的心情很好。要注意的是，即使对方说："好极了，你怎么样？"如果他的声调很平，这显示他的心情一般，并且不想与你深谈下去。如果你是唯一的谈话圈子以外的人，不了解他们谈论的事情及其目的，那你最好的话题是问问题：这个城市的特征、历史、设施、未来的计划等，人们喜欢谈论自己，而他们所从事的职业、所居住的城市都是自我的延伸。

当然，不要对这些话题发表负面意见。如果在场的有领导，你想得到权势人物的重视，或想让主管知道你这个月的业绩是如何突出，通过第三者进行推介比自我介绍效果要好得多。当然，这个"第三者"应该是你比较熟知的人。谈话时你要把握由闲聊切入正题的时机，培养这样的本能当然很重要，但也有些技术性的规律，比如应仔细观察哪些人加入或退出了谈话圈子，别人对闲聊是否表现出厌烦（这也许正是切入正题的时机），以及自己还有多少时间可以准备，等等。如果对方资历很浅，你可以从简单问题入手，使对方感到轻松，因为一上来就谈论宇宙人生或经济状态的大问题往往使人有窒息的感觉，所以当你要引出新话题时，可以先抛出一些简单的问题，当别人感到比较放松时，再转入较深的话题。如果对方是经验丰富者，你可以多请教意见，少要求信息，如果你问的是信息方面的问题，你可能说得上来，也可能说不上来，前者让他觉得他知道的事情你也知道，后者则会让他觉得自己是个傻瓜。请教别人意见就没有这样的风险，被请教的人通常觉得非常受用。不管他对问题的了解程度有多少，总能发表一些看法。你越是重视他的意见，他就越觉得受用。在谈话中，要注意提出新的资料与看法，不要甘于做个应声虫。特别是当别人提出他的看法时，即使你完全同意他的见解也不要只是点头或是说"再对不过"这样的话。

相反地，你应该提出新的资料或看法。这就像打网球一样要有来有往，即使你球技并不怎么高明，也不能只是静静地站在场上唱独角戏。

要注意每个话题的时间该有多长，话题的长短完全要视不同话题的价值及谈话人的兴趣而定。一般而言，节奏关系到谈话有趣与否。如果一个话题"熄火"了，别试着再去"发动机器"，而应转移到新话题上。除非你们所谈论的事情对某人特别重要，否则每5分钟转移一下话题比较合适。有的时候我们必须给人惊喜或提起别人的好奇心。在这方面，我们有三种方式调整谈话的节奏，这包括升高或降低音调，加快或减慢说话的速度以及增加或减少情感的成分。通常任何细微的改变都能引起别人的注意，这就看每个人的临场发挥了。

怎样提高交谈的效率

如何成功地与人交谈，如何使交谈产生更高的效率，其中有许多值得我们学习的规则。

1. 选择恰当的时机地点

保证充分的交谈时间，选择一个不受他人打扰的谈话地点，是交谈必备的两个首要条件。不同内容和性质的谈话应当选择不同的时机场合，当你们闲谈时，应找一个轻松愉快的环境。

当你与他人进行商谈时，应找一个正式的场合。良好的交谈必须慢慢开始，不可操之过急。当你走进老板的办公室，想谈谈自己的某一要求时，却看见他满脸怒色，这种情况下，你最好不要再提什么个人要求。

当你发现某一员工工作心神不定时，切不可将一笔重大的生意委托于他。

2. 明确自己交谈的目的

如果你对自己将要进行的谈话一无所知，就不大可能很好地参与交谈。你不仅要了解将要交谈的主题，而且应该了解交谈的性质，还有自己所期望达到的效果，即它是理论性的，还是实用性的，交谈的目的何在。

3. 选择合适的人选

当你与他人交谈时，不要企图与任何人都可以无所不谈。即使是最好的朋友，也不可能什么都谈。有些谈话必须要求交谈者具有共同的兴趣和条件、共同的性格，或者一定程度的友情。如果你明知某人对将要谈论的话题持反对意见，那最好别让他来参加。明智地选择参与交谈的人员，对整个交谈的效果具有重要意义。

4. 避免毫无意义的讨论

在我们的生活和工作中，并不是所有问题都值得去讨论，也不是任何话题都可以拿出来讨论。在有些情况下，因为个人的性格、兴趣和偏好不同，对问题的看法也不相同。这时如果去引发一场讨论，那一定没有任何结果，也毫无意义，这样做只能是浪费时间。

5. 给别人讲话的机会

在日常生活中，我们也许都碰到过这种情况：当甲在说话时，乙似乎全神贯注地听着，而事实上，他只是礼节性地等着甲在讲完后将自己脑子里的东西倒出来。或许乙所讲的一切与甲所说的话题毫无相干。反过来，甲也会如此。这种情况下的交谈也是毫无意义的，它只是给各方提供了一个说话的对象和机会。在交谈中避免这种现象发生，要给别人讲话的机会，然后认真去听，真正达到交流。

6. 避免跑题

在交谈中听到提问时，首先弄清问题，然后根据自己的理解尽力回答，有些人把别人的提问当成是让自己说话的一种信号，于是当他听到提问时，脑子里正想着什么便说些什么，也不管自己的回答与他人的问题有无联系。其实，当你听到提问时，并不需要急于作出回答，应该首先弄清他人提问的内容和意图，然后再根据自己的知识和判断作出回答。急速而离题的回答是毫无意义的。

7. 提问要清楚明白

当你向他人提问时，尽可能将问题提得明确易懂，不要做一个懒惰的提问者，也不要以为自己对某一问题十分清楚，就设想自己以任何简单的方式提出来都会让他人明白。不要接二连三地提问，所提问题不能毫无联系，也不要提问后对他人的回答不加任何评论，否则，这种提问方式就不是交谈，而只是某种形式的需要。也许你并不期望他人作出任何实质性的答复。面对不同的对象，你可能要采取不同的提问方式。

8. 不要打扰他人讲话

不要在他人话还没说完时，就将自己的话题接上去，然后使劲地将自己脑子里的东西全部倾出。如果你不尊重他人讲话，你也许会受到同等对待。因此，应让他人把话讲完，给人说话的机会。

9. 尊重交谈

当你听别人讲话时，不要无礼地与他人交头接耳，在与他人交谈的过程中，你说话的声调和方式都应该保持有礼有节。

同时不要过于拘谨，否则会影响你的表达。假如你知道自己某些话非说不可，且说出后一定会冒犯他人，那就应该注意一下方式，以避免伤害他人。如果你觉得某些话不得不说，而且必须此刻就说，那就大胆直言。

与人交谈7要素

1. 端正态度，尊重对方

与人交谈，首先要态度端正，否则就会引起别人的反感，思想上一旦形成鸿沟，交谈就很难进行。其次要尊重对方，不要妄自尊大，盛气凌人；不要自以为是，武断专横；不要虚情假意，恭维奉承。

只有这样，大家才能和谐融洽地相处，推心置腹地交谈。

2. 全神贯注，适时发言

不要打断别人的发言，要让对方尽情地讲，你要全神贯注地听。即使你不同意人家的看法，也不可匆忙打断，要等对方讲完再阐明你的意见。要善于听讲，要分析话中之音，做到既明白对方谈话何时达到高潮，又知道对方言谈何时接近尾声。这样，你的发言才能适时、稳妥。

3. 跟上节拍，把握火候

当话题几分钟以前已由乒乓球赛转到篮球赛，如果你再谈乒乓球赛，显然就跟不上谈话节拍；而当大家正兴致勃勃地谈论篮球赛，你又把排球赛也塞进来，显然是不识"火候"；当大家正评论球类比赛，你却谈起飞机、大炮一类风马牛不相及的东西，显然是离题太远，那只会使人啼笑皆非。密切关注谈话进行的情况，要把注意力始终集中在正谈论的话题上。只要头脑清醒、目光敏锐，跟上谈话的"节拍"，就不会出现尴尬局面。

4. "听""讲"认真，心领神会

交谈，是一种有来有往、相互交流思想感情的双边或多边活动。参与谈话的人，不仅要认真"听"，还要认真"讲"。听人说话，要做到聚精会神，心领神会，切不可漫不经心。与此同时，还要做出积极反应，有什么想法和感受，通过点头、微笑、手势、体态等不同方式随时表露出来；不要消极活动，呆头呆脑，无动于衷。全神贯注地听，仅是交谈中的一个方面。谈，在某种意义上说，显得更为重要。谈的方式多种多样，你可采用任何一种：直截了当地陈述事实，提出问题，发表看法；委婉地表示不同意见，进行评论。这些方式都能使谈话顺利进行。

5. 中心突出，不偏不离

交谈中心突出，不要偏离话题。当大家正议论新发明的特效药，切不要因听到有人谈你姐姐如何服用此药而得救，你便滔滔不绝地讲起你姐姐如何如何，或讲她服用某药治愈了感冒。如果这样做，那就是不知不觉地偏离了谈话的主题。话题一偏，说话效果必然大大降低。

6. 审时度势，调转话题

话题的转变，在交谈中占有十分重要的位置。

当大家对某事似乎已详尽谈论，感到兴致索然时，就要立即转换话题。转变的方式很多，让旧话题自然消失就是其一。另一种方式，就是重提刚议论的事情，然后迅速更换话题。改变话题，要注意"火候"，既不能太迟，又不宜过早。当话题仍然引人入胜时，切不要因你感到索然无味，就谈别的东西，并

强迫他人跟着你转。

7. 积极主动，有错就改

与人谈话，失言总是难免的，特别是在心情过于激动时，更容易发生。由于一时忘记了别人的禁忌，忽略了他人的生理缺陷，忘掉了某人的不幸，有伤人家感情的话语，有损人家尊严的言辞，有失人家体面的言论，都可能出现。一旦失言，就要视具体情况，采取应急措施，进行弥补。如果接近失言的危险边缘，要竭尽全力迅速摆脱，这时特别需要冷静沉着，莫要惊慌失措，更不要大喊大叫向人家赔礼道歉。若他人失言，则要保持宽容，并积极主动地圆场。

怎样和上司交流

有人说，和上司交流本身就是一项工作，是一项正常的、必需的也是必要的工作。可生活中许多人不这么认为，他们有的觉得这是一种攀附，有的认为只要干好工作，交流与不交流没什么意义，有的甚至认为这是工作无能的表现，人心各异，当然说法不一，其实谁说的都有自己一定的道理。但这主要还是要看交流的心态，也可以说是交流的用心。心态正常，交流自然正常，而且也容易使交流变得轻松愉快，使工作更加有序和顺利地开展下去，而怕与上司交流或有别的什么原因不愿与上司交流，一是不利于工作的顺利开展，二是不利于个人能力的发挥和潜力的挖掘。这是非常客观的分析，而且已经成为评价一个员工素质高低的标准。因此，我们与上司交流，首先要保持一个正常、平和的心态，其次再注意一些交流的方式和方法。

1. 语气适当，措辞委婉

在和上司交流中，因为说得过火或过于渲染，涉及领导的尊严与权威，尺度掌握不准，搞得不好就会有嘲讽、犯上之嫌，被领导误以为心怀不满，另有所指。所以你一定要注意使自己的口气比较和缓，显示自己的诚恳和尊敬之情。特别是要使领导明确地认识到，你的所作所为都是出于做好工作的动机，是为领导设身处地着想，而不是对领导者本人有何不恭的看法。

2. 言词简短，干脆利落

俗话说："言多语失。"因此，假如你在劝谏，只要指明大意就已足矣，其中的推理不妨由领导自己来做，越是语言简短，越是语意含蓄，就越能引起领导的深思，又不至于引起领导的猜忌。况且，言辞简短不至于使你引用的领导的话淹没在解释论证的海洋中，要知道，正是这些引用极大地满足了领导的成就感。当你的领导清楚地了解到，一句他本人也不曾在意的话却被下属郑重地记在心上，或者他十分重要的观点的确受到了下属的重视，他一定会增加对你的好感，多几分欣赏和认同，少几分敌意和对立，从而能够仔细地倾听你的建议，对你的相反的看法慎重对待。因此，言简意赅，不失为引起领导重视和好感的一个好办法。

3. 分清场合，选准时机

用领导自己的话来批驳他的某些观点，最好是在私下场合中使用，不宜在公开场合或者是有他人在一旁的情况下运用。而且要选准时机，即上司当时情绪和周围环境等。因为在私下里，即便你对领导有所触痛，但如果言之有理，领导也会采取比较宽容的态度，而在公开场合，这就会演化为领导的尊严和权威问题，他会为此而战，从而使情绪压过理智，面子高于道理，这对下属无疑是自找麻烦，"好心难得好报"。

4. 善提建议，善于换位

通常说来，你所考虑到的事情，你的上级早已考虑过了。因此，如果你不能提供一个即刻奏效的方法，至少应提出一些对解决问题有参考价值的看法。要想与上级相处得好，重要的是你必须考虑到他的目标和压力，如果你能把自己摆在上级的位置看问题、想问题，做他的忠实合伙者，上级自然而然也会为你的利益着想，有助你完成自己的目标。

同事之间的沟通技巧

人际交往是一门艺术，它要求精心策划、具体实施及随时评价。最有效的交往是多维的，有自己的生命，并在不知不觉之中给你无限的工作动力。像一个内在联系的网络一样，一个充满活力的互助网会在具有很大潜在数目的实体间建立一种有意或无意的联系，并不受地域、职业或企业所限，不断发展，不断壮大。

当你刚进入一家公司时，你很可能是他人探索甚至怀疑的对象，甚至可能是原来觊觎此一职位的人憎恨的对象。但你要牢记，时间能够治疗并证明一切。在你进入一家公司之初，无论周围的人有多冷漠，你都必须花时间慢慢地小心营造与他人之间的人际关系，切记欲速则不达。有效的交往模式简单易学，重要的是要知道哪种方式最适合于你。如果你下定决心去建立和维护这有效的人际"互联网"，那么无论你个人的风格如何，你总能学会如何做好，而且还会很快做得更好。与同事交谈一般遵循以下几点原则。

1. 多倾听与学习，谦虚地求教

不宜一开始就急着要同事认同你，应该把精力花在观察周围的事物，并提出一些切中要领的问题上，而不是一味地想让同事知道你有多博学多闻。对每个同事都一样友好，因为任何人日后都可能成为你的好朋友和重要的工作伙伴，甚至变成你的顶头上司，所以千万不要预设立场，因为他今日不是个重要角色，就忽略他的存在。

2. 不要骤然下判断谁对你是重要的，谁会成为你的好朋友

第一印象往往是最不可靠的，因此在未与人交往一段时间之前，不要立即对一个人妄加判断。同时，也不要随便听信别人的闲言闲语，让自己保持一个开朗的胸襟，以眼见的事实客观地去评判每一个人。例如，邀请同事一起吃午饭。这是一个轻松的、非正式认识新同事的好方法，如果你能保持一种"我真的很需要你的帮助，以便多了解这家公司"的态度来亲近同事，让他们明白你的所知有限，希望能向他们多请教一些，以便早日成为他们中的一分子，你将发现由此可以受益无穷。

3. 收起好奇心，不要刺探其他同事的私人问题

如果你尽喜欢听些闲言碎语，那么对你的声誉绝对有害无益。最后你终将成为别人谈论的对象，同时也是一个不为他人信任的人。

4. 记住这个世界很小，广泛搭建人脉网

及早动手，从你认识的人开始。在你与他们联系上之前，你不会知道他们的交际范围有多广。不要落入"我没有合适的联系人"的陷阱，很可能你认识的某个人已经认识了你需要遇到的那个人。要记住这世界很小。由于人脉关系的不断扩大以及通信技术的飞速发展，已经使基础广泛的互助网从设想变成现实。抓住机会与人们谈话，不为别的，只为使他们成为你人脉网的一部分。不要期望从每个谈话对象身上都得到什么实质性的东西。如果有人愿意给你10分钟时间，就抓住它，尽管你当时不知道它能带来什么。

5. 同事就是朋友，与你遇到的每一个人寻找共同利益、共同朋友和经验

共同之处增加了一个人加入你互助网的可能性。每次你与某人交谈，都要求他们推荐一些潜在的朋友。不要只依靠一条途径。一旦可能就要扩大交往面。让你遇见的每个人知道你已经和谁谈过了。人们互相联系的方式你可能并不知道。永远不要停止发展你的互助网，它能够带来广泛的机会。请记住：带来机会的人，你可能并不认识，而是通过你互助网中的人与他有所联系。记住，有效维护互助网是一个双向的过程。帮助并接受帮助，同事就是朋友。

交谈不是唱"独角戏"

我们日常与人交谈主要是为了享受对话的乐趣，谋求彼此心灵的交流，同时，完成交谈的目的。交谈并不是唱"独角戏"，它是双方思想交流的形式之一。因此，无论是交谈的哪一方，都应该明白交谈的真正含义。

有的人凡事都喜欢插嘴，而且一插上嘴就没完没了，并认为自己是个说话高手，其实这是交谈最大的误区。试想，一个人总是向别人唠叨一些自己津津有味，并以为对别人也是趣味无穷的话题，于是自说、自听、自演、自唱，那么有谁愿意听呢？

因此，交谈的重点在于要有一个共同的话题，而不应该像一个杂学博士那样逢人就想说教。

在交谈的时候，有些人总是显得不耐烦，使交谈没有活跃的气氛。这种情况多半是因为话题没有得到回应造成的。再者，自己若是对这次交谈不感兴趣，自然也会出现这种情况。

假如话题丰富，交谈就能进入最佳状态。一般来说，人们皆有自我表现的本能，所以，一旦有说话的机会，就很自然地想开口说话。如果能有来有往、一呼一应，交谈气氛就更活跃，参与者的心情也更加愉悦和欢欣。因此，我们要选择新鲜有趣、内容丰富的话题作为谈话的材料。有的人总喜欢在别人说话的时候泼冷水，或是"鸡蛋里面挑骨头"似的故意找茬儿，这样做百分之百违反了会话的规律。在与人交谈的时候，我们应该常常在心里自问："这样说可以吗？"否则的话，你以为压下对方自己就能独占会话的上风，但是别人不买账，把你的话当耳边风岂不是枉然？再说，如果你老是在说话时逞能，人们势必对你"敬而远之"，到了那种地步你又有什么意思呢？即使你想与人聊天，别人也不愿奉陪，如同舞会中的"壁花"，这便是自作自受了。

活跃交谈气氛10绝招

1. 来一个小幽默

幽默是活跃谈话气氛的法宝，开场前有分寸地、善意地取笑别人并不是坏事。

善意的恶作剧具有出人意料的效果，它能博得众人的欢笑。人们在捧腹大笑之际，超脱了习惯、规则的界限，享受不受束缚的"自由"和解除规律的"轻松"，接下来的交谈自然会轻松愉快。

2. 亮出小道具

朋友相聚，也许在初见面时因打不开局面陷于窘境，也许在中间出现冷场。

这时，你随身携带的小道具便可发挥作用。一个精致的钥匙链可能引发一大堆的话题；一把扇子，既可用来遮阳光，又可在上面题诗作画，还可唤起大家特殊的兴趣；一把小刀，可以让人联想起战争的事。小道具的妙用不可小觑。

3. 上演拿手戏

成功的交谈应是众人畅所欲言，各自都表现出最佳的才能，做出最精彩的表演，最忌一个人唱独角戏，大家当听众。

为达到这一目的，就必须寻找能引起大家最广泛共鸣的内容。有共同的感受，彼此间才可各抒己见，互相交流看法，气氛才会热烈。所以，你若是社交活动的主持人，一定要把活动的内容同参加者的好恶、最关心的话题、最擅长的拿手好戏等因素联系起来，以免出现冷场。

4. 制造亲密接触

有时候，那些相敬如宾的夫妻未必就没有矛盾，而平日吵吵闹闹的恋人可能会更亲热。社交也是如此，若彼此谈得开心，开句玩笑，互相攻击几句，打一拳、拍两下，反倒显得亲密无间、无拘无束。

5. 不妨调侃自己

自我解嘲，顾名思义就是自己嘲讽自己、调侃自己，这也是正话反说的一种。它是一个人心境平和的表现。它能制造宽松和谐的交谈气氛，能使自己活得轻松洒脱，使人感到你的可爱和人情味，从而改变对你的看法。在交谈中，适时适度地"自嘲"，调侃一下自己往往会收到妙趣横生、意味深长的效果。

6. 相互吹捧一下

和朋友久别重逢后不免寒暄一番，你完全可以借此发表一番高论，把每个人的才能、成就做一番夸张式的炫耀与渲染，这会让朋友们感激你深深地了解、倾慕他们。这种把人抬得很高，但没有虚伪、奉承之感的介绍和相互吹捧会使整个气氛立即变得异常活跃，友情会加深一层。

7. 故意答非所问

交谈中，不时穿插一些意想不到的、貌似荒谬而实则有意义的问题，是很好的一种活跃气氛的形式。

那些一本正经的人会给人古板、单调、乏味的感觉，也会把交谈变得索然无味。也许会有人时常问你一些荒谬的问题，如果你直斥对方荒谬，或不屑一顾，不仅会破坏交谈气氛、人际关系，而且会被人认为缺乏幽默感。因此，答非所问，是一个极好地解决这类问题的办法。

8. 制造悬念

在相声里，悬念是相声大师的"包袱"。交谈中有意制造悬念，会使人更加关注你的一举一动。当大家精力集中、全神贯注时抖开"包袱"，让人们发觉这是一场虚惊，大家都会心一笑，报以掌声。

9. 庄谐相间

社交需要庄重，但长时间保持庄重气氛就会使人精神紧张。寓庄于谐的交谈方式比较自由也比较轻松，在许多场合都可以使用。用幽默、诙谐的语言，同样可以表达较重要的内容。

10. 亦正亦反

运用反话正说的方法，重要的一点在于处理好一反一正的关系。在交谈中，准备对对方进行否定时，却先来一个肯定，也就是在表达形式上，好像是肯定的，但在肯定的形式中巧妙地蕴藏着否定的内容。正说时要一本正经，煞有介事，使对方产生听下去的兴趣。然后，再以肯定的形式抖出反话的内容，与原先说的正话形成强烈的对比，从而产生鲜明的讽刺意味，让人信以为真，增加谈话的效果。

反话正说能引人入胜，正话反说也颇意味深长。正话反说，就是对某一话题不作直接的回答或阐述，却有意另辟蹊径，从反面来说，使它和正话正说殊途而同归。这样便可以避免正面冲突，含蓄委婉，入情入理，收到一种出奇制胜的劝谕和讽刺效果。有时正话反说的曲折手法，可使人们在轻松的情境中相互沟通，使紧张的局面得到缓解。

第5章

提升口才亲和力，话中有情最动心

　　话为心声，话贵情真。无论是对什么样的人来说，带着感情说话是至关重要的。有趣的话题使人听起来神清气爽，感人的话题使人听起来热泪盈眶，恐惧的话题使人听起来毛骨悚然。要学会这套本领，就要把话说得既入理入情，又要生动传神。

说话不只是为了表达更重在传情

有人说，心中有什么，话中就有什么。如果说话只是为了表达，那显然没有认识到说话的作用和它所能包含的内容。须知话为心声，才能"话贵情真"。

比如推销人员在访问客户时，从初次见面的客套话到告辞离开时，说话都必须通情达理，这是发挥推销人员能力的重要时刻，能否说服对方，关键在于说话。

"顾客是上帝"，说此话的人真可称为智者。对于推销员来说，凡进门的人都是顾客，不管他们买的商品是多还是少，顾客都是上帝。因此，对他们必须用待自己上司的语言和礼节对待。即使与用户交往很密切或已成知己朋友了，也不要忘记这一条，这是一条必须铭记的细则。

从"您好"到"再见"，自始至终都要用明快的口气接待所有的顾客。抱着鼓励对方的心情，发出有朝气的声音，要做到这两点并不难，无论是什么性格的推销员都能做到。

有诚意又热情洋溢地与对方说话，这在说话艺术中是最重要的。回答肯定的问题时要充满诚意地说一声"是"，愉快的声音传到对方的耳朵里，对方一定会受用的。

无论是对什么样的人来说，带着感情说话是至关重要的。有趣的话题使人听起来神清气爽，感人的话题使人听起来热泪盈眶，恐惧的话题使人听起来毛骨悚然、浑身发抖。要学会这套本领，不说则已，说就要说得活灵活现、生动传神。

反之，说话没有抑扬顿挫或不带感情，听起来不但令人感到无聊乏味，而且使人感到说话的人是一位性格冷酷的人。

说话要有感情，这样才会有更佳的沟通效果。但如果是商业谈判场合，必须抑制住自己愤怒、暴躁或悲伤的情绪。

形象化表达，让说话来得更直接一些

在我们日常交往中，与人交谈或是请示汇报工作时，说话浮于形式，无实质内容，疏于描述，当然不会收到好的效果。反之，清晰、明确地表达自己的意思，不让对方摸不着头脑，不说模棱两可的话，肯定能给人留下好印象，使对方认为你是个头脑清晰、思路敏捷的人。因此，我们与人交往时，说话表达的意思一定要明确。

"你不要把清楚的重要性和艰难估计太低了。"一位爱尔兰诗人当众诵读他自己的诗，可是，听众懂得一半的，还不到十分之一。有很多演说家，不论是演说和说话，他们大都犯同样的毛病。

英国大物理学家罗滋爵士，有四十多年的公众演说经验，他谈演说要素的时候，十分郑重地指出两个要点：一是学问和预备，二是努力说清楚。努力说清楚指的就是形象化说话。

普法战争中，德国名将毛奇将军对部下的官佐说："无论哪种命令，因不清楚而有了被误解的地方，一切将被误解。"

耶稣的门徒问他为什么讲道的时候用比喻，耶稣说："因为我所讲的东西他们看不见、听不到，我不用比喻，我想讲的道理，他们根本就无法懂。"形象化说话，也就是说用你所能想象的最简单、最自然的方法去加以解决：把人们不知道的事和他们早已知道的事物联结在一起。

天国……那是什么样子呢？要怎么说才能让那些未受过教育的巴勒斯坦农民知道呢？所以，耶稣用他们所熟悉的名词和动作来描述天国：

"天国就像酵母，妇人拿了它，放入相当数量的玉米粉，直到全部发酵完毕。

"还有，天堂就像寻求美好的珍珠的商人……

"还有，天堂就像抛入海中的网……"

这些比喻，明白易懂。听众中的那些家庭主妇，每个礼拜都要使用酵母，渔夫天天把网撒放海中，商人经常搞珍珠买卖……

"上帝是我的牧羊人，我不能一日不看他。他令我躺在青草地上，他带引我来到清水旁边……"

在那几近荒凉的青绿草原，羊群可以饮用的清水池塘——这一切，都是牧羊人所熟悉的。

"天国"这个人们无法想象的地方和"上帝"这个现实生活中无法感知的一个万能的主宰者，要想让人们相信他们的存在并能拯救苦难的尘世万物，如果不用生动形象化的语言描绘他们，是很难做到的。耶稣之于基督教在全球传播开来，与他善于用形象化的语言明确地表达说话的意思是分不开的。

在我们的日常生活中，当说明听众不太了解的事物时，也要善于用形象化的语言加以说明。假如你要描写伟大的金字塔，第一便要告诉你的听众它高137.5米，然后再以他们日常所见建筑物作比喻，告诉他们那有多高，告诉他们塔的基底占据城内多少条街和房屋。不要对人们说这个可以容纳多少加仑，那个有多少桶，何不说某某东西之多，可以装满学校的大礼堂？何不说某某建筑之高，有你正在演讲的礼堂两倍高呢？

生活中这样的例子举不胜举，只要因地制宜、明确说话的目的，就是让对方最直接、最快、最准确的接受，你离形象化说话便已经不远了。

肺腑之言，以情动人

人是有感情的动物，对感情尤为敏感，而语言所负载的信息，除了理性信息之外，就是情感信息。这种情感信息的内涵十分丰富，它的功能不仅是要诉诸人的理智，而且是要打动人的情感。"感人心者，莫先乎情"，这就要求我们在说话中，一定要充满着真情实感。所谓情感，就是人接触客观外界事物所产生的肯定或否定的心理反应，诸如喜欢、愤怒、悲伤、恐惧、爱慕、厌恶等。

在日常交往中，深厚稳定且有原则性的情感，往往会产生巨大的鼓舞力量。因此，"情"是说话艺术的一个重要因素。

话语所饱含的情，就会在传递信息、思想的同时产生言语魅力和感染作用，从而取得圆满的交际效果。俗话说，"情自肺腑生，方能入肺腑"，"通情才能达理"。列宁认为："没有人的情感，就从来没有，也不可能有人对真理的追求……只有被感情支配的人才能使人相信他的情感是真实的，因为人们都具有同样的天然倾向，唯有最真实的生气或忧愁，才能激起人们的愤怒和忧郁。"

这就是说，话语一定要受到发自内心的充沛情感的支配，才可能产生感染力、影响力和号召力。

世界最著名的演讲家之一，美国黑人领袖马丁·路德·金在林肯纪念堂前发表了《美国给黑人一张不兑现的期票》的演说，其高潮部分是这样的："回到密西西比去吧！回到阿拉巴马去吧！回到南卡罗来纳去吧！回到佐治亚去吧！回到路易斯安纳去吧！既然知道这种境况能够而且一定改变，那就回到我们南方城市中的陋巷和贫民窟去吧！我们绝不可以陷入绝望的深渊中。

今天，我对大家说，我的朋友们，即使我们面临着今天和明天的各种艰难困苦，我仍然有个梦想，这是深深扎根于美国人梦想中的梦想。我梦想着，有那么一天，我们这个民族将会奋起反抗，并且一直坚持实现它的信条的真谛——'我们认为所有的人生来平等是不言自明的真理'。

我梦想着，有那么一天，甚至现在仍为不平等的灼热和压迫的高温所炙烤着的密西西比，也能变为自由与和平的绿洲。

我梦想着，有那么一天，我四个孩子，能够生活在不以他们的肤色，而是以他们的品行来判断他们的价值的国度里。

我梦想着，有那么一天，就在邪恶的种族主义者仍然对黑人活动横加干涉的阿拉巴马州，就在其统治者抱不取消种族歧视政策的阿拉巴马州，黑人儿童将能够与白人儿童如兄弟姐妹一般携起手来。

我梦想着，有那么一天，沟壑填满，山岭削平，崎岖地带铲为平川，坎坷地段夷为平地，上帝的灵光大放光彩，芸芸众生共睹光华！

这就是我们的希望！这是我们返回南方时所怀的信念！怀着这个信念，我们能够把绝望的群山凿成希望的磐石。怀着这个信念，我们能够将我国种族不和的喧嚣变为一曲友爱的乐章。怀着这个信念，我们能够一同工作，一同祈祷，一同奋斗，一同入狱，一同为争取自由而斗争。坚信吧，总有一天我们会自由……"

在这段演讲中，马丁·路德·金用四段"我梦想着"领起的排比式表述，深情地、正面地、具体地表现了对自由的渴望，语势磅礴，一泻千里。他热切地期望种族歧视最严重的密西西比变成"自由与和平的绿洲"，希望自己的孩子在有高尚品德和卓越才能的情况下不因肤色不同而得不到公正对待，希望黑人儿童与白人儿童能像兄弟姐妹一样携起手来，和睦相处，由此甚至希望一切都变得公正平直，坦途通天。作为民权运动的领袖，他的这些话完全发自肺腑，道出了千百万黑人的心声，使得在场的听众有的呐喊，有的喝彩，有的悄然流泪，有的失声痛哭。话语之"情"，出于肺腑，方能入肺腑，达到以情动人的效果。

让你的语言具有画面感

说话同写文章一样，越描述得生动细腻，听众越觉得真实。所以，让你的描述惟妙惟肖，说话时注重细节，会让你的语言变得丰富而精彩。具有画面感的话语，会让人觉得更加动听。如果讲话时再加上适当的神态、表情和动作，表达效果更好。

有一次，卡耐基在给学生演讲"生命如何度过"时，随身携带了一件物品，用一方手巾蒙着。一开始的时候，他就把它置于桌子的右侧，并数次在情绪激烈时默默地抚摸一下。所有的听众都在听卡耐基慷慨激昂的演讲。卡耐基的声音充满感情，而他抚摸这件物品时更显得感情凝重，人们心里在纳闷，这是一件什么样的东西呢？注意力便都集中起来了。

卡耐基接着讲道："美国南北战争时，有一个战士名叫莱特，他不过是数百万北方军队中普通的一名士兵。他作战勇敢，每次冲锋都跑在最前面。他说他只有一个心愿，就是解放南方黑奴，让自由和民主回到人民手中。他的勇敢受到了无数次的嘉奖。在刚刚接受一枚英雄勋章后，莱特，亲爱的莱特，却遇到了不幸，在一场遭遇战中，他倒下了。临死之际，他手握着那枚英雄勋章说：'把它送给我的母亲。'人们照着他的话做的时候，发现他是母亲唯一的亲人。他的母亲同样也是伟大的，宁愿自己忍受孤苦寂寞的晚年生活，也要把儿子送到前线……如今，这位伟大的母亲和他的儿子都已死去，但这枚勋章却保留了下来，它永远鼓励着我们为大众的利益而努力奋斗，看，它就在这儿！"

卡耐基说完，在全场听众的注目下，轻轻揭开手巾，露出了一个盒子，他再打开盒子，一枚金黄色的勋章躺在红色的绒布之上。所有的听众在那一刻静默无声，有的人悄悄地流下了眼泪。人们为英雄的伟大而感动，也对卡耐基的良苦用心钦佩之至，动感使他的演讲变得何其丰富啊！

下面再看看列兰·史多是怎样打动听众，让他们支持联合国儿童救援行动的。

"我但愿自己再也不会目睹此情此景。一个孩子和死亡之间只差一颗花生，还有比这更凄惨的吗？我希望各位永远不会看到这一幕，也不必在事后永远活在这种悲惨的记忆里。如果本月里某一天，在雅典被炸弹炸得一片废墟的工人区里，你曾听到他们的声音，见到他们的眼睛……可是，我所能留下的一切，只是半磅重的一罐花生而已。当我费力地打开它时，成群衣不裹体的孩子把我团团围住，疯狂地伸出他们的小手。更有许多的母亲，怀抱婴儿你争我抢……她们都把婴儿举向我，皮包骨头的小手抽搐地伸向我。我尽力使每个花生都发挥最大用处。

在他们疯狂的拥护之下，我几乎被他们撞倒。眼前只见几百只手：渴望的手、挥动的手、无望的手，全是瘦小的可怜的手。这里分一颗花生，那里分一颗花生。再在这里一颗，再在那里一颗。数百只的手伸着，乞求着；数百只眼睛闪出希望的光芒。我无助地站在那里，手中只剩个蓝色的空罐子……哎呀，我希望这种悲惨永远不会发生在你的身上。"

在列兰·史多动情的叙述中，听众的内心深处受到了巨大的震撼，列兰·史多也因此获得了成功。

可见，让话语具有画面感，可以使听众感觉听到的就像亲眼看到的一样真实生动，无形中增加了你的口才魅力。

用尊重的口吻与人谈话

林肯有次批评他的女秘书："你这件衣服很漂亮，你真是一个迷人的小姐。只是我希望你打印文件时注意一下标点符号，让你打的文件像你一样可爱。"女秘书对这次批评印象非常深刻，从此打印文件很少出错。

林肯身为美国总统，可算是世界上最有权势的人之一了，说话如此委婉、客气，是他好修养、好气度的体现。假如他换一种盛气凌人的口吻呵斥："你怎么工作的？连标点符号都搞不清楚，亏你还是大学生呢。"只能让对方反感，反而达不到纠正对方错误的目的。

说话是一门艺术，这毋庸置疑。所谓"良言一句三冬暖，恶语伤人六月寒"，有很多人说的话，立足点和出发点本来是不错的，但由于说话时不尊重对方，因而导致无谓的误解和争端。

人都是有自尊的，渴望获得他人的尊重。大而言之，在社会阶层中；小而言之，在一个团队中，只有收入高低、分工不同的区别，绝没有人格的贵贱之分。扪心自问，我需要别人的理解和尊重吗？同样，这也正是别人都需要的。聪明的人就要先理解和尊重别人。

俗话说，人的心灵就像花朵：开放时会承受柔润的露珠；闭合时会抵御狂风暴雨。假如我们在规劝别人，实际上就是让他的心灵开放。但是，被规劝的人往往用闭合来抵御我们的语言，因为他并不知道我们送的是雨露，而知道怎样保护他的自尊心。所以，要想不损伤他的自尊心，尊重别人是至关重要的一点。一般来讲，我们规劝别人很容易使自己站在比别人高的位置上。而本质上，也确实比别人高，因为你自己觉得比别人的观点正确，这才能劝人；如果觉得比别人低，那就表明你观点不正确，或者对自己的观点不自信，那还去劝什么人呢？因此，劝人的人实际上的位置应该是高的，但这种高，在劝人时是不能表现出来的，只能摆在和被劝人平等的位置上，这不是虚伪，而是方法上的需要。只有当被劝人觉得你尊重他了，设身处地地在为他着想，他才能认真考虑你说的话，才能把心扉打开，才有可能达到劝说的目的。相反，你自恃有理，说得对，把位置摆得高高在上，甚至不注意语言的表达方式，一派批评人的口气，势必引起被批评人的反感，因为你没有尊重他，他会想出各种办法来对付你，使你不但没有达到规劝的目的，还生一肚子气。如果他迫于某种压力或其他因素，而屈服于你的批评，口头上也许承认自己错了，内心深处还是不会听你的。我们来举一个老师在课堂上提问学生的例子。

老师：请张丽同学回答问题！

张丽：我不回答你！

老师：张丽同学，你既然不回答我的问题，必定有原因。你能告诉我是什么原因吗？既然你不肯说明，那让我分析一下：是不是我有什么地方做得不好，不能为人师表，不能让同学们信服，甚至玷污了人民教师的光荣称号，才使你这样呢？

张丽：老师，没有，没有的事。

老师：既然我还称职，我想你也不是有意让我难堪。那么，让我猜测一下你是怎么想的吧。我认为，不外有三种情况：第一，可能是我的启发式教学搞得不得当，问题提得过于浅薄，引不起你的兴趣，你不屑于回答，是这样吗？

张丽：不，不是。

老师：第二，是你能回答这个问题，但不想回答。如果是这样，你现在回答也不迟。

张丽：我……我……

老师：第三种情况可能是你不会回答，但又碍于情面，不肯承认自己不会回答的现实，忽然一时糊涂，想以强硬的态度搪塞过去。但我为什么要这样认真呢？我实在不愿看到你交不上答卷呀！

张丽：老师，您，您别说了……请告诉我这个问题该怎么回答……

这位老师尊重自己的学生，并心平气和地耐心引导，消除了学生反感的情绪，终于打开心扉。试想想如果这位老师居高临下，不管青红皂白，一通批评，学生的抵触情绪会更大，不会轻易地认错的，因为她失了面子，老师势必没有达到规劝的目的，甚至可能连课也没法继续上了。

获得好感的6种说话方式

1. 多提善意的建议

当一个人关心你时，只要这份关心不会伤害到自己，并且对方还提了一些善意的建议，你当然会欣然接受，对这个人产生好感。那么，反过来你对别人若也如此，别人也会同样对你产生好感。

满足他人自尊心最佳的方法就是善意的建议。对方是女性时，仅说"你的发型很美"，只不过是句单纯的赞美词；若是说"稍微剪短，看起来会更可爱"，对方定能感受到你对她的关心。若是能不断地表示出此种关心，对方对你必然更加亲切信任。

2. 偶尔暴露自己一两个小缺点

有时坦率地暴露缺点，反而会迅速获得对方的信任，给对方留下一个正直、诚实的印象。

只是暴露自己的缺点并不是毫无保留地将所有的缺点都暴露出来，如此做，反而使人认为你是个毫无可取之人，因而丧失了对你的信任。

暴露的点只要一两个就可以了，可使他人把这一两个缺点和其他部分联想在一起，因而产生其他部分毫无缺点的感觉。但这绝不是狡诈，只是交际的策略和需要。因为也没有人会拿自己的缺点和别人交往。"这个人有点小缺点，但是其他方面挑不出毛病来，是个相当不错的人！"类似上述的想法就能深深植入他人的心中。

3. 记住对方所说的话

一位心理学家应邀去演讲，不料主办方却问他："请问先生的专长是什么？"他颇不高兴地回答："你请我来演讲，还问我的专长是什么？"

招待他人或是主动邀约他人见面，事先多少都应该先收集对方的资料，这是一种礼貌。换句话说，表现出自己相当关心对方，必然能赢得对方的好感。

记住对方说过的话，事后再提出来作为话题，是表示关心的做法之一，也是说话的策略之一。尤其是兴趣、嗜好、梦想等事，对对方来说，是最重要、最有趣的事情，一旦提出来作为话题，对方一定会觉得很愉快。在面试时，不妨引用主考官说过的话，定能使主考官对你另眼相看，留下深刻的印象。

4. 注意对方微小的变化

生活中，一般做丈夫的都不擅长对妻子表现自己的关心。比方说，妻子上美容院改变发型时，明明觉得她"看起来年轻多了"，却不作任何表示，因而使妻子心里不满，觉得丈夫不关心自己。

不论是谁，都渴求拥有他人的关心。而对于关心自己的人，一般都具有好感。因而，若想获得对方的好感，首先必须积极地表示出自己的关心。只要一发现对方的服装或使用的物品有些微小的改变，不要吝惜你的言词，立即告诉对方。例如，同事打了条新领带时，"新领带吧？在哪儿买的？"像这样表示自己的关心，绝没有人会因此觉得不高兴。

另外，指出对方与往日的变化时，愈是细微和不轻易发现的变化，愈使对方高兴。不仅使对方感受到你的细心，也感受到你的关怀，转瞬间，你们之间的关系就会远比以前更亲密可信。

5. 呼叫对方的名字

欧美人在说话时，常说："来杯咖啡好吗？莱克先生"，"关于这一点，你的想法如何？莱克先生"，频频将对方的名字挂在嘴边。这种作风往往使对方涌起股亲密感，宛如彼此早已相交多年。其中一个原因是他感受到对方已经认可自己了。

在我们的社会里，晚辈直接呼叫长辈的名字，是种不礼貌的行为。但是，平辈之间借着频频呼叫对方的名字，来增进彼此的亲密感，应是个非常有益于彼此交往的方法。

6. 注意细节投其所好

有位朋友有个奇怪的习惯，总是把他人名片的背面写得密密麻麻。与其说他是为了整理人际资料或是不忘记对方，倒不如说是为了下一次见面做好准备。也就是说，将对方感兴趣的事物记录下来，再度见面时，自己就可提供对方关心的情报作为礼物。即使只是见过一次面的人，若能记住对方的兴趣，比方说是钓鱼，在第二次、第三次见面时，不断地提供这方面的知识或是趣事，借此显示自己对于对方的兴趣很关心，结果，必然使对方产生很大的好感。

或许有些人会认为此种做法太过于功利主义。事实绝非如此。这种做法的确出于对对方的关心，更何况对对方也是真正有益的。借着经常保持此种姿态，结果必然能将一般通用的话题化为己身之物。换句话说，以长远的目标来衡量，此种做法能成为表现自我的有力武器，以此迅速获得对方对自己的好感和信任。

多说谦辞受人敬重

古人讲"满招损，谦受益"。

谦虚是一种美德，是一个人涵养的外化。古往今来，人们给予它以崇高的赞美。

谦虚之所以受到尊崇，就因为它是做人的美德及事业成功的法宝，但是，在现实生活中，谦虚也并非想做就能做到，有的人得到领导的表扬、同事的夸奖，内心里着实想谦虚一番，却寻找不到适当的表达方法。要么手足无措，面红耳赤，支支吾吾，要么说一些"归功于集体、归功于人民"的套话听起来让人觉得虚假。

那么，在社交场合，不同的时间，不同的环境，不同的氛围，如何用不同的方式表达自己的谦虚，才能给人留下一个良好的印象呢？

转移对象。如果表扬或赞美使你感到在众人面前窘迫的话，你不妨想办法转移人们的注意力，使自己巧妙地"脱身"，把表扬或赞美的对象"嫁接"到别人的身上，但要有所依据，不然也会显得空和假。

妙设喻体。直言谦虚，固然可取，但弄不好会给人一种虚假的感觉。特别是两个人之间，如果仅仅说"你比我强多了"这类话，容易有嘲讽之嫌。遇到这种情形，你不妨用一个比喻方式，巧妙地表达自己的谦虚。

自轻成绩。任何称赞和夸奖，都不可能毫无缘由，或者因为某件事，或者因为某方面的成绩。这时你不妨像绘画一样，轻描淡写地勾勒一笔，却在淡泊之中见神奇。

相对肯定。面对别人的称赞，如果把自己说得一无是处，不但起不到谦虚的作用，反倒给人一种傲慢的感觉。正如俗话所说："过分的谦虚等于骄傲。"现实生活中，类似这样的情况屡见不鲜。所以，谦虚要掌握一定的分寸。

征求批评。面对人们的赞美，诚恳地征求大家的批评，这是表现你谦虚精神的一种最有效的方法。但要注意适当适度，不然虚心也就变成了虚假。

我们在社交生活中，可以根据不同的场合、不同的环境、不同的交际对象，去不断创造自我，虚心学习。

只要虚心而诚挚，努力追求谦虚的品格，在谈话时保持平和坦诚的态度，尊重对方，就一定会成为一个受人敬重的人，说话的分量也会相应增大。

通俗易懂的语言最亲切

有的人喜欢说一些难懂的话，用一些偏僻、文绉绉的字眼，显得自己多有学问似的；有人出口成"脏"，并已成为习惯，不但不以为耻还自鸣得意；也有人故意使用一些对方听不懂的成语典故，还误认为对方会觉得自己说话简洁、口齿清晰、很有学问。

例如，对顾客说："雨后万物更新，令人心旷神怡。"尽管本人挖空心思，咬文嚼字，但对方却不知"心旷神怡"是怎么解释，还是"雨过天晴，空气清爽，真痛快啊！"较好，既亲切又易懂。

如果对方悟性很强，对一些难懂的话他又能立刻明白的话，那么他可能会感兴趣，觉得"这小子可真行"。

如果对方不明白你说的是什么意思，他一定会反感地说："你到底说些什么？乱七八糟的！"

有人尤其是一些大公司的推销人员喜欢在会话中用一些不常用的外来语（主要是英语），虽说言语丰富是一个优点，但是，如果对方听不懂，就会感到不知所措和难为情。因此，有乱用外来语怪癖的人必须适可而止。有一些不正常的话，估计对方可能听不懂但又不能不说时，该怎么办呢？那就尽量不要伤害对方的自尊心，用较温和的方式表达。

有的人吹毛求疵、故弄玄虚、说话带刺，这很令人讨厌，推销人员应引以为戒。

在与顾客谈话的过程中，除非是难懂的专有名词，一般来说，应尽可能使用忠实本意且通俗易懂的语言，只有这样，才能使对方感到亲切。

1934年，中央警卫团刚划归中央军委领导，由叶剑英同志分管。警卫团的同志大多是由部队抽调来的，他们从炮火纷飞的火线调下来，都普遍不安心，想重返前线直接和敌人厮杀。叶剑英了解到情况，召开了全团大会。会上，他提高嗓门大声说："中央警卫团应该改名，不叫警卫团，叫钢盔团。"

这话把大家弄懵了。接着，叶剑英缓缓解释道："钢盔是干什么的？钢盔是保护脑袋的，中央警卫团是保护党的脑袋——党中央的，所以应该叫它钢盔团，你们说对不对？"

大家恍然大悟，齐声说："对！"

"人没脑袋行不行！"叶剑英追问。

"不行！"

"你们都是英雄好汉，到前方去可以杀千百个鬼子，但没有党中央领导能不能把鬼子打出去呢？"

"不能！"

只几句话，说得警卫战士心里亮堂堂的。

孙子兵法说，和敌人作战，除了正面出击之外，侧面突出奇兵，以奇取胜，往往会收到意想不到的效果。叶剑英没有正面解释警卫团有何重要意义，而是以一个极其通俗的比喻，紧接着连发几个问题，步步紧逼，把战士们心中的疙瘩一下子铲除了。

在生活中，因为我们的说话对象是占多数的普通人，所以我们应该尽量选取那些让人一听就懂、一说就明白的事例去作比喻，这样，人们在欣赏时就不会因听不懂喻体而无法体悟其中更深的本体意思。

在纽约国际笔会第48届年会上，轮到作家陆文夫发言。面对来自世界40多个国家的600多位代表，他不慌不忙，侃侃而谈。

有人问："陆先生，您对性文学怎么看？"

陆文夫清了清嗓子说："西方朋友接受一盒礼品时，往往当着别人的面就打开来看。而中国人恰恰相反，一般都要等客人离开以后才打开盒子。"

听众席里发出会意的笑声，接着是全场响起热烈的掌声，反应之热烈、气氛之活跃为该届年会所罕见。

这是一个难以回答的问题。陆文夫别出心裁，用一个充满睿智和幽默感的生动比喻，把一个敏感棘手的难题解答得既简练通俗又圆满精辟。他以中国人和西方人对待礼品盒的不同态度作比，表达出不同民族对待性文学的不同特点。用生活习俗来说明文学作品体现民族特性的理论话题，既把要说明的问题讲得清晰易懂，又给人留下深刻的印象。

又如有一位记者问一位新寡名人是否再嫁，她答道："曾经沧海难为水，除却巫山不是云。"这样的回答不能说不好，但是没有一定中国古典文学修养的人就听不懂。同样的问题，赵丹的夫人、作家黄宗英以喻作答就通俗易懂："我已经嫁给大海了，再不能嫁给小溪，再嫁就嫁给汪洋。"

通俗化说话是一种境界，更是说话的一种技能，要想掌握得好，必须积累大量的生活素材，在讲话中触类旁通、举一反三，才能运用得当，运用自如。此外，运用好俗语、谚语、歇后语等语言同样能大大增强语言的感染力，容易被群众理解和接受。

抗战胜利前一天，画家张大千要返回四川，他的学生们为他送行，梅兰芳等名流也到场作陪。宴会开始，张大千向梅兰芳敬酒，说："梅先生，你是君子，我是小人，我先敬你一杯。"众宾客都愣住了，梅兰芳也不解其意，笑着询问："此话作何解释？"张大千笑着朗声答道："你是君子——动口；我是小人——动手。"满堂来宾，笑声不止，宴会气氛一下子活跃起来。

张大千简单的几句话取得如此好的效果，原因就在于他灵活运用了"君子动口不动手"这一俗语。

第6章

话未到礼先到，优雅谈吐让你魅力四射

无论对谁说话，长辈还是晚辈，朋友还是客人，熟人还是陌生人，如果将礼貌性的问候语、谦辞等用语穿插在谈话中，一定会让你的沟通效果活色生香，而你也会因谈吐优雅而在他人心中树立良好的形象。

见面问声好，称呼有技巧

称呼是指人们在正常交往应酬中，彼此所采用的称谓语。它是言语交际的"先锋官"，在日常生活中，称呼应当亲切、准确、合乎常规。正确恰当的称呼，不仅能体现对对方的尊敬和自身的文化素质，更能促使交际的成功。

俗话说，"良言一句三春暖"，称呼得体就像行个见面礼，使对方获得心理上的满足，使沟通顺畅，交往成功。反之，称呼不得体往往会引起对方的不快甚至愠怒，使双方陷入尴尬境地，造成交往梗阻乃至中断。由此可见，称呼得体与否在很大程度上决定着人们交往活动的成败和管理效果的优劣。因此，不论是从事任何职业的一般人，还是身负一定职务的领导人或管理者，要想生活愉快、事业发展，都需要注意研究人际称呼的技巧，努力提高自己的称呼艺术。

称呼在人际交往和管理活动中的重要作用早为人们所注意。社会心理学家们认为得体的称呼能使人心情愉快，增强自信，有助于形成亲密和谐的人际关系。而良好的人际关系又是使人精神振奋、心理健康和提高工作效率的重要条件。得体的称呼能缩短人和人之间的心理距离，使人心情舒畅。

那么，怎样称呼才算得体呢？其实称呼并没有什么统一的模式。不同的地区、不同的民族和不同的语言传统，称呼的习惯可能差异很大；不同职业、职务、性别、年龄的人，对称呼的需要和期望也不尽相同。这就造成了人际称呼的复杂性和多元化，增加了称呼得体的难处。但有一条是共同的，那就是要尊重他人和礼貌待人，这样，对方心里就会产生一种自豪感和满足感，反过来对方也会乐于与你接触，主动和你沟通，这就使交往有了良好的开端。但仅有此还不够，在具体称呼时还要注意做好以下几点。

1. 记住对方姓名

姓名不仅是将自己与他人的存在予以区别的标志，而且不少人的名字还凝聚着父母对子女的期望。由于自尊的需要，每个人都会重视和珍爱自己的名字，同时，也希望别人能记住和尊重它。因此，当自己的名字被别人叫到时，就认为自己受到尊重，心里感到愉悦，对称呼自己的人怀有亲切感。古今中外，一些领导人、政治家和企业家对人的这种心情很了解，与人寒暄时不只说句"您好"，而是在"您好"前面或后面冠以对方名字，这样做起到了很好的心理效应。我们对久别之后仍能一下子叫出自己的名字的人，总是感动万分、钦佩不已的原因，就是因为这个缘故。

2. 符合年龄身份

称呼必须符合对方的年龄、性别、身份和职业等具体情况。对年长者称呼要热情、谦恭、尊重；对同辈则要态度诚恳，表情自然，亲切友好，体现出你的坦诚；对年轻人要注意慈爱谦和，表达出你的喜爱和关心；对有较高职务或职称者，要称呼其职务或职称。总之，要讲究礼貌，既表达出你对对方的真诚和尊重，又不卑不亢。切勿使用"喂""哎"等来称呼人，同时，也应力戒点头哈腰，满嘴恭维话。

3. 有礼有节有序

在与多人打招呼时，如果群体中有年长者，也有年轻人或异性在场，就要注意称呼的顺序。一般来讲，应先长后幼，先上后下，先女后男，先生疏后熟识为宜。称呼最能表达说话人的道德修养、知识水平和文明程度，也体现着他的交往技巧。称呼兼顾长幼的差异，会使年长者觉得受了尊重，年轻人也心中坦然；如顺序颠倒，不但会使年长者不满，而且被称呼到的人也会感到窘迫。再者应注意尊重女性，在与一个同样年龄、身份的群体打招呼时，先称呼女性，会使对方感到你有较高的素养，从而乐于与你交往。

需要强调的是，以上各点并不是孤立的，而是彼此制约、密切相关的，它们从不同侧面共同决定着称呼的得体与否以及称呼得体的程度。在日常生活中我们只有依据称呼对象和交往场合等具体情况，从多方面分析称呼对象的称呼需要，选择得体的称呼语，才能收到最理想的称呼效果。

得体的寒暄暖人心扉

寒暄又叫打招呼，是人与人建立语言交流的方法之一，是交谈的润滑剂，它能使朋友在某种场合心领意会，让不相识的人相互认识，使不熟悉的人相互熟悉，把单调的气氛活跃起来，为双方进一步攀谈架设友谊的桥梁。

在一次中国与英国关于香港问题的讨论会上，中方代表周南和英方代表伊文思相遇并寒暄起来。

周南说："现在已经是秋天了，我记得大使先生是春天前来的，那么就经历了三个季节了：春天、夏天、秋天——秋天是收获的季节啊！"

这是发生在中英关系史上的一次重要谈判，时间是秋季——达成协议的关键时刻。内容是我国对香港主权的收复问题。

周南在这次轻松的寒暄中，运用暗示、双关的手法，巧妙利用交际的时令特征，即秋天的特点及其象征意义——成熟与收获，将我方诚恳的态度和希望以及坚定的决心，含蓄委婉地表达了出来。

这种寒暄意味深长，具有强烈的针对性和灵活的策略性，无穷之意尽在言外。

在我们日常生活中，寒暄的主要形式有以下几种。

1. 路遇式寒暄

即在路途上或一些公共场所里遇到熟人，顺便打个招呼。一种是对经常见面的熟人，握握手，说上句"你好""上班去呀"，在路上骑车相遇，相互点点头，微笑一下，摆摆手，不用下车，擦肩而过。另一种是在路上遇到较长时间没有见面的熟人，这时不可以点头再过，要停下来，多说几句。如有急事要办，则要与对方说清楚再离开，这是人际交往的基本常识。

2. 会晤式寒暄

即如约见了面，或客人来了后，在交谈正题之前的问候。一种是常见的也是最起码的问候方式，如"您好""请进""请坐"等。另一种是特殊情况的问候方式，如对病人、老人、师长、好友，或是遇到大病初愈、长途旅行、身遭不幸等情况，寒暄问候则要格外体贴入微，暖人心扉。

3. 关怀式寒暄

这是常见的寒暄方式，真挚深切的问候，对于加深人际间的感情，有着重要的作用。

4. 激励式寒暄

即寒暄中，给人以鼓舞和力量。几句寒暄，就能给人以很大的激励。

5. 幽默式寒暄

寒暄中加点幽默诙谐的成分，对协调交际气氛是很有效果的，良好的人际沟通与深切的友谊就是在这幽默的寒暄中间建立起来的。

6. 夸赞式寒暄

无论谁清早起来，接连听到几个诸如"您起得好早啊""您身体越来越好啦"的赞美式寒暄，一定会感到这一天心情格外舒坦愉快。夸赞式寒暄也要讲点技巧，其中之一就是夸赞的内容最好要具体一些，这样才能产生较大的作用。

在寒暄中，应注意以下几点：寒暄要因人而异，不要对谁都是一个调；在不同的环境，要进行不同的寒暄；寒暄要适可而止，过多的溢美之词则会给人以虚伪客套之感。

总之，恰当的寒暄，能给不快的人以安慰，给久别重逢的人以关怀，给邻里亲友以欢乐，并由此沟通感情，联络友谊，促使人际交往达到水乳交融的佳境。

如何做个精彩的自我介绍

自我介绍，在一般情况下就是把自己的情况介绍给陌生的交际对象。如姓名、身份、职业、特长等，意在使对方了解自己，尽可能为自己提供方便，并与对方建立联系。人们初次见面，都会产生一种了解对方并渴望得到对方尊重的心理，及时简明地自我介绍，可以满足对方的这种渴望，对方也会以礼相待，作自我介绍。

在日常生活和工作中，人与人之间需要进行必要的沟通，以寻求理解、帮助和支持。自我介绍是最常见的与他人认识沟通、增进了解、建立联系的方式。

在社交活动中，想要结识某人，而又无人引见，可以向对方作自我介绍。自我介绍的内容，可根据实际的需要、所处的场合而定，要有鲜明的针对性。在某些公共场所和一般性社交场合，自己并无与对方深入交往的愿望，作自我介绍只是向对方表明自己身份。这样的情况只需介绍自己的姓名，如"您好，我叫王海"或"我是王海"。有时，也可对自己姓名的写法作些解释，如"我叫陈华，耳东陈，中华的华"。如果因公务需要与人交往，自我介绍应包括姓名、单位和职务，无职务可介绍从事的具体工作，如"我叫王海，是荣发公司的销售经理"。

在社交活动中，如果希望新结识的对象记住自己，作进一步沟通与交往，自我介绍时除姓名、单位、职务外，还可提及与对方某些熟人的关系或与对方共同的兴趣爱好。

进行自我介绍，要简洁清晰，充满自信，态度要自然、亲切、随和，语速要不快不慢，目光正视对方。在社交场合或联系工作时，自我介绍应选择适当的时间，当对方无兴趣、无要求、心情不好，或正在休息、用餐、忙于处理事务时，切忌去打扰，以免尴尬。若在讲座、报告、庆典、仪式等正规隆重的场合向出席人员介绍自己时，则应简短又细致地介绍自己。

"我叫柴××，是哈尔滨工业大学机械专业2000年的毕业生，获本科文凭。毕业后，我就在××汽车制造厂油泵车间当技术员，直到现在。在此期间，我一直研究国内外关于机械加工方面的先进技术，对汽车油泵的品种、规格、型号、质量、工艺流程、销售情况也比较熟悉，有一定的管理经验。我今年35岁，正是年富力强的时期，很想干一番事业。我个人做事果断，敢于拍板，敢于负责。"

这是某汽车油泵厂的柴××员工在投标时所作的自我介绍，较为具体详尽，既全面介绍了自己的学历、经历、兴趣、专长、能力和性格，又表示了自己的愿望和信心，因而赢得了招标单位的初步信任，为后来的中标打响了第一炮。

介绍他人应注意的问题

介绍他人，即第三者为彼此不相识的双方引见的介绍方式。在人际交往中，我们总能碰到为他人介绍的机会，那么如何能使双方满意，达到预期的效果呢？这是一个看似简单的问题，其实却很难做到位。

介绍他人应注意以下几个问题。

1. 注意介绍的顺序和礼节

一般情况下，是将年纪轻、身份低的介绍给年纪大、身份高的，以示对后者的尊重。介绍多人的一般顺序是：

不同性别的两个人，在一般情况下应将男士介绍给女士，如："李小姐，这是赵先生，刚从河北来。"如果男士尊于女士，则应把女士介绍给男士："赵老师，这位是从哈尔滨来的李小姐……"

不同辈分、职务的两个人，应将年轻、职务低、知名度低的介绍给年长、职务高、知名度高的。如"汪老，这是×××报社的小陈，陈××先生。"

把一对夫妇介绍给他人，在一般情况下应先介绍丈夫，后介绍妻子。

同龄人聚会应将未婚的介绍给已婚的，将自己熟悉的介绍给不太熟悉的。

客人到家中拜访，应先把客人介绍给家庭成员，然后把家庭成员逐一介绍给客人。介绍时，应把被介绍人的关系、姓名讲清楚，同时要能简明地点出他们的爱好和特点更好，这样会给客人以愉快亲切的感觉，也显示出家庭的和睦与乐趣。

2. 介绍时体态语要自然、协调

介绍时一般应起立，面带微笑，注意礼节，手掌朝上示意，切不可用食指指指点点。

3. 介绍语信息量要适中

介绍别人的信息不要过于冗长，能为双方攀谈引出话题即可。

4. 介绍语要热情、文雅，切不可伤害被介绍者的自尊心

介绍是为了联络感情，融洽气氛，建立交流关系，因此，介绍的话语应热情洋溢，切忌冷冰冰的，更不可有损被介绍人的尊严。

约翰·梅森·布朗是一位作家兼演讲家，一次他应邀在某地演讲，被会议主持人作了这样的介绍："先生们，请注意了。今天晚上我给你们带来了不好的消息。我们本想邀请伊塞卡·F·马科森来给我们讲话，但他来不了，病了。（下面听众发生嘘声）后来，我们要求参议员布莱德里奇前来，可他太忙了。（嘘声）最后，我们试图请堪萨斯城的罗伊·格里根博士来，也没有成功。（嘘声）所以，结果我们请到了——约翰·梅森·布朗。（肃静）"

这段介绍语的本意并不想贬低布朗先生，却一次又一次地刺伤了其自尊心。之所以出现这样的失误和恶果，原因有二：一是介绍者将组织这次活动的过程报了一遍流水账（完全没有这个必要），客观上产生了这样的效应；二是主观上考虑不周，或者根本没有考虑这样一些问题：如何尊重演讲者？如何促使来之不易的演讲活动取得成功？因此，从某种意义上讲，介绍语是介绍者认识水平、组织才能和表达才能的外现。

再来看一个精彩的介绍语例子：

一次，某高校邀请话剧《光绪政变记》中慈禧太后的扮演者郑毓芝来演讲。主持人是这样介绍她的："同学们，今天，我们好不容易把'老佛爷慈禧太后'请来了。（掌声，笑声，听众的情绪热烈起来）'老佛爷'郑毓芝同志在戏台上盛气凌人，皇帝、太监、大臣见了都诺诺连声，磕头

下跪，在台下却和蔼可亲，热情诚恳。她方才和我谈起，还曾扮演过《秦王李世民》中的贵妃娘娘，话剧《孙中山》中的宋庆龄。她是怎样把这些截然不同的人物演得栩栩如生的呢？下面就请听她的演讲。"（听众凝视主席台，热烈鼓掌）

这番介绍语既幽默风趣，突出特点，又条理清楚，主旨鲜明，热情洋溢地把郑毓芝本人和她演的角色作对比介绍，并水到渠成地点明其演讲的主题，可谓十分得体，收放自如。

请客的艺术

请客吃饭是人际交往中的一种礼节性行为，在我们的生活中屡见不鲜，但如何才能达到我们的预期效果，却着实是一个扰人的问题。为此，我们应在以下几点引起注意：

首先，确定邀请对象是首先应该解决的问题。而邀请对象的选择，必须根据交际的目的而定。一般来讲，下棋应请棋友；跳舞要请舞友；打球当请球友；乔迁、喜丧则请亲朋故旧；开业剪彩就该请有利于工作展开、业务往来，便于协调社区关系及从事传播等新闻媒介方面的客人……

此外，还要适当考虑邀请对象的学识、年龄、地位、性格的差异和他们相互间的关系等，以防邀非其人，破坏邀请对象间的关系和谐，给你的交际带来不便和麻烦。

其次，采取恰当的方式。这就要根据交际的性质、对象而定。学者、专家、领导等，大多工作忙、时间紧，对他们最好提前相约，以便他们做好工作调整、时间安排；对某团体的要人，公开邀请，甚至借助传播媒介，就既能体现公正无私，光明磊落，又利于引起关注，促进宣传，扩大影响；而朋友之间则悄悄地进行更利于避开旁人的视线，保证交往活动的隐蔽性和随意性。一般的往来、一般的亲友，打个招呼、打个电话、捎个话儿即可，不必客套；比较重要的工作联系、业务关系、公关事务等就必须采用相应的公文格式，如发书信、寄请柬等，或者按照一定的规格派专人传达、亲自登门，以示重视、郑重和尊重。总之，邀请的方式要因事而异、因人而异。

再次，注意请客的方法。即请客是否可行，邀请是否明确，是否给被邀请者带来不便，请客是否真诚等。

假如某人办了一家餐馆，开业剪彩，非要请某市长亲临，来装门面，做宣传，谁知久请不到，一拖再拖，最终也没请来，白白浪费了时间。所以，邀请要量力而行，既不强人所难，也不为所不能为。

此外，邀请前一定要明确宴会的时间、地点、活动内容、邀请对象等，以便心中有数。做好邀请，还需将上述事项向邀请对象传达明白，以利其接受邀请，担负相应的角色，准时赴约。

如果邀请对象工作繁忙，而你的邀请确实给他带来了不便，应立即想出应对之策，或尽快取消邀请，以免对方为难。这样与人方便，自己也不因此误事。

说好"谢"字不简单

在任何一部汉语词典里，很少有词语一讲出就能立刻赢得一个人的好感，起到化敌为友、抚平自私心理、提高自尊心的作用。然而，"谢谢"这个词却有这个魔力。但"谢谢"却常常被人轻视，或因太简单而忽略，以致我们中的许多人因此而与好人缘失之交臂。我们常常听到这种抱怨，"我并不介意做所有这些事，只要他每次能说声'谢谢'"，甚至说，"我为她做了那么多，她连声'谢谢'都不会说"。

说声"谢谢"本是世界上最容易也是最为可靠的办法，如果你想成功地开展工作和取得别人合作的话，更不用说赢得友谊和影响人们了。

表达谢意可以用很多方式说出来。然而，无论用怎样的方式，譬如用鲜花、午餐回报，或者其他方式，都不如亲口说上一句"谢谢"更有效果。那么，在交际中，怎样说"谢谢"呢？以下是一些绝对重要的方法。

（1）说出"谢谢"。告诉他（她），他（她）为你做的对你来说是很重要的，和在哪一方面帮助了你："我真的非常感谢你对我在学习上的帮助。"

（2）给予赞扬。让他（她）知道你认为他（她）为你做的事是很特别并值得珍藏的："谢谢你的咖啡！我想我会记你一辈子。"

（3）予以回报。告诉他（她）你感谢他（她）为你做的，并准备回报这个好心人："我很感激你能在开顾问会议时回我的电话，以后只要有用得上我的地方，请随时找我！"

（4）写个条子表示谢意。说声"谢谢是"很有作用的，但写下来会更胜一筹。不妨亲笔写一个条子表达你的谢意。

（5）电话致谢。"我打这个电话只是为了感谢你……"

（6）送份礼物。送份礼物并附上一张便条。只要你送的礼物能够非常适当地表达出你的感谢，送什么并不重要。一个老板请他的秘书去看了场一流水准的高尔夫球赛。为了投桃报李，她买了一个独特的礼物——一个高尔夫球棒的缩微模型，然后写了个感谢的便条放在礼品盒里一并送给了他，老板收到后深感欣慰。

（7）传达谢意。告诉别人你有多感谢他为你所做的一切，最后这话一定会传到给予你帮助者的耳朵里去："王敏这人真好！她帮我安排了那次会议。要是没有她的帮忙，我真不知该怎么办好。"当你的谢意通过别人的嘴传到她的耳朵里时，定会增色不少。

（8）提供帮助。与他们在一起，主动提出为他们的工作助一臂之力。比如帮助校对个长篇报道："我来帮你干这事儿。甭客气，你帮我的次数可太多了。"

（9）请客吃饭。邀请你要感谢的人去吃午餐或晚餐，一定要表明你这是为了感谢她的帮忙。如果你邀请的是已婚者，应当把她（他）的配偶一并邀请去。

（10）报答捐款。如果一个环境学家曾用心地报道过你的一篇论文，不妨为他心爱的环保事业捐一笔款，这也许是对他最好的感谢。但也别忘了说"谢谢"。你可以打个电话或写个便条去感谢他，并告诉他你所做的。他一定会为你所做和自己曾经所做的事感到高兴。

道歉话不仅仅是认错

与人交往，难免说错话、做错事，也就难免得罪人，有时甚至给人家带来精神上的巨大痛苦和经济上的巨大损失。对此，若是能及时认识到自己的错误，诚恳地向人家道歉，并主动承担责任，一般情况下，总是能得到别人原谅的。倘若你发现自己错了，又不能及时向别人道歉，甚至千方百计找借口为自己辩解，其结果不仅得不到别人的谅解，相反，还会受到道德上的谴责和人格、形象上的损害，使你失去朋友、失去友谊。因此，任何人都不能小看了道歉的作用。

简单地说，道歉必须掌握两个原则：一是要诚恳，二是要及时。及时而诚恳的道歉有以下几种方式。

1. 表示有所醒悟，希望得到谅解

三国时，公孙渊在辽东割据，害怕曹操征讨，就给孙权写信要归顺东吴。孙权决定派军队带着钱财去支援他，并封公孙渊为燕王。大臣张昭认为公孙渊不可靠，极力反对孙权这样做，两人因此发生了激烈的争执，孙权最后还是没有采纳他的意见。张昭一气之下，不去上朝，孙权也生了气，派人把张昭家的门给堵上了。张昭更不示弱，让家人在门里又堵上了一层。后来，公孙渊杀了孙权派去的人，孙权这才认识到张昭的意见是对的，于是几次到张昭家去认错，张昭就是不见他。

一次，孙权又来到张昭家门口，高声喊张昭的名字，张昭仍卧床不起。孙权派人烧他的门，本意是想逼张昭出来，但张昭却让人把窗户也关上了。孙权一看，连忙让人把火扑灭，自己一直在张昭的门前站着。

后来，经过儿子的劝说，张昭终于露了面，孙权一看，非常高兴，赶紧把他让到自己车上，一路上自责不已，请张昭原谅。从此，君臣和好如初。

2. 表示捐弃前嫌，希望得到帮助

1754年，华盛顿还是一位上校，率领部下驻守在亚历山大市。有一次选举弗吉尼亚议会议员时，一个叫威廉·佩思的人反对华盛顿所支持的候选人。

据说，华盛顿与佩思在关于选举的某个问题上发生了激烈的争论，他说了一些冒犯佩思的话。佩思把华盛顿一拳打倒在地。华盛顿的部下马上赶了过来，准备替他们的长官报仇。华盛顿当场予以阻止，并劝他们返回营地。

第二天一早，华盛顿给佩思送去一张便条，要求他尽快到一家小酒店去。

佩思如约到来，他是准备来进行一场决斗的，令他感到惊奇的是，他看到的不是手枪而是酒杯。

"佩思先生，"华盛顿说，"犯错误乃人之常情，纠正错误是件光荣的事。我相信昨天我是不对的，你已经在某种程度上得到了满足。如果你认为到此可以解决的话，那么请握我的手——让我们交朋友吧。"

从此以后，佩思便成了一个热烈拥护华盛顿的人。

3. 表示承担责任，希望得到理解

20世纪50年代，民主德国总理来中国访问，拟签中德友好互助条约。按照国际惯例，公布要在双方约定的时间同时进行。然而由于记者的疏忽，在条约未签订时，就提前发了消息。周恩来总理看到报纸，立即打电话向已到外地访问的民主德国总理表示歉意。

当天下午他把有关领导和记者请到办公室开会。在了解事情发生的经过后，他说："我只在国务会议上提醒记者暂不发表，却没在人大常委会上向记者交代，结果出了问题，这是我的疏忽。"然后，总理才向有关人员指出错误的性质、影响，及各自应负的责任和教训。周总理这种主动承担责任的道歉方法，使民主德国总理很受感动，并表示谅解。

真正的道歉并不只是认错，承认自己的言行破坏了彼此间的关系，而是要勇敢地为自己的过错承担责任。通过道歉表示你对这个错误十分重视，并希望重归于好，这样不仅可以弥补破裂了的关系，而且还可以增进感情。

酒桌上的说话学问

酒作为一种交际媒介，在迎宾送客、聚朋会友、彼此沟通、传递友情时，发挥了独到的作用，探索酒桌上的说话"奥妙"，有助于你交际的成功。

大多数酒宴宾客都较多，所以应尽量多谈论一些大部分人能够参与的话题，得到多数人的认同。因为个人的兴趣爱好、知识面不同，所以话题尽量不要太偏，避免唯我独尊，天南海北，神侃无边，出现跑题，而忽略了众人。

特别是尽量不要与人贴耳小声私语，给别人一种神秘感，使之产生"就你俩好"的嫉妒心理，影响喝酒的效果。

大多数酒宴都有一个主题，也就是喝酒的目的。赴宴时首先应环视一下在座各位的神态表情，分清主次，不要单纯地为了喝酒而喝酒，而失去交友的好机会，更不要让某些哗众取宠的酒徒搅乱酒席。

酒桌上可以显示出一个人的才华、修养和交际的风度，有时一句诙谐幽默的语言，会给客人留下很深的印象，使人无形中对你产生好感。所以，应该知道什么时候该说什么话，语言得当，诙谐幽默。

在酒桌上往往会遇到劝酒的现象，有的人总喜欢把酒场当战场，想方设法劝别人多喝几杯，认为不喝多就是不实在。

"以酒论英雄"，对酒量大的人还可以，酒量小的就犯难了，有时过分地劝酒，会将原有的朋友感情完全破坏。

要想在酒桌上得到大家的赞赏，就必须学会察言观色。与人交际，要了解人心，左右逢源，才能演好酒桌上的角色。

探望病人的语言讲究

亲友患病住院治疗，人们免不了要上医院去探视。然而，人们探视病人时的言语是否得当，将对患者的心理和情绪产生很大影响。尤其是一些患者因为病魔缠身而产生抑郁、焦虑、怀疑、恐惧、被动、依赖及自怜等一系列消极情绪和心理波动时，倘若探视者的语言运用得好，将会使病人精神振作，进而积极配合治疗，有利于恢复健康。因此，安慰是抚慰患者心灵的一剂"良药"。若是探视者言语失当，将会对患者造成颇大的心理压力，影响治疗效果。那么，人们在探视患病的亲友时，在医院这种环境下，该如何说话呢?

探视者对患病的亲友的安慰，是很能给人以信心的。这时候，安慰性的语言比任何时候都显得生动、有力，它易于勾起患者与自己情感的共鸣，进而稳定患者的思想情绪，有利于患者疾病的治疗。

人们对患者适时的鼓励，是对其心理上的支持，对调动患者战胜病魔的意志和勇气有着举足轻重的作用。尤其是某些患者对自己疾病的治疗丧失信心时，你若适时地给予真诚和符合客观事实的鼓励，也许就能在患者身上产生"起死回生"的作用。

有一个年轻的建筑工人在高空作业时不慎摔伤，处于昏迷状态，患者在医院里苏醒后，觉得下肢不听使唤，遂怀疑自己将终身残废，萌生了轻生念头。患者的一个友人发现这一思想苗头后及时鼓励说："你年轻力壮，生理机能强，新陈代谢旺盛，只要你积极配合治疗，日后加强锻炼，肯定不会残废，这是医生说的，请你相信我!"短短几句鼓励的话，就使患者抛却了轻生念头，增强了治疗信心。

如何拜访别人

做客拜访是日常生活中常见的交际形式，是一项重要的社交活动，也是联络感情、增进友谊的一种有效方法。

做客拜访要选择一个对方方便的时间。一般可在假日的下午或平时晚饭后，要避免在吃饭和休息的时间登门造访。拜访前，应尽可能事先告知，约定一个时间，以免扑空或打乱对方的日程安排。约定时间后，不能轻易失约或迟到。如因特殊情况不能前去，一定要设法通知对方，并表示歉意。

拜访时，应先轻轻敲门或按门铃，当有人应声允许进入或出来迎接时方可入内。敲门不宜太重或太急，一般轻敲两三下即可。切不可不打招呼擅自闯入，即使门开着，也要敲门或以其他方式告知主人有客来访。

进门后，拜访者随身带来的外套、雨具等物品应搁放到主人指定的地方，不可任意乱放。对室内的人，无论认识与否，都应主动打招呼。如果你带孩子或其他人来，要介绍给主人，并教孩子如何称呼。主人端上茶来，应从座位上欠身，双手捧接，并表示感谢。吸烟者应在主人敬烟或征得主人同意后，方可吸烟。和主人交谈时，应注意掌握时间。有要事必须与主人商量或请教时，应尽快表明来意，不要东拉西扯，浪费时间。

离开时要主动告别，如果主人出门相送，拜访人应请主人留步并道谢。热情说声"再见"。

第7章

此时无声胜有声，让肢体语言为沟通锦上添花

一个人的嘴只代表他的经历，眼睛却代表他的内心。传神的目光给人以魅力，宁静的目光给人以专心，快乐的目光给人以活力，真诚的目光可以赢得尊重和友谊。无声的肢体语言能表达用言语难以表达的极其微妙的思想情感。人们内心的隐衷、胸中的秘密，总是自觉不自觉地流露出来。

练就一双会说话的眼睛

人们的面孔像一部包罗万象的百科全书，丰富多彩、千变万化，内中蕴涵着巨大的感情容量。但神情的表露更在于用眼"说话"，用眼传神。

目光是人体最鲜明的机器，一个人的嘴只代表他的经历，眼睛却代表他的内心。传神的目光给人以魅力，快乐的目光给人以活力，真诚的目光可以赢得尊重和友谊。

意大利艺术大师达·芬奇在《笔记》中曾说："眼睛是心灵的窗户。"意思是，透过一个人的眼睛，可以看到他的内心深处。英国生物学家达尔文在《人和动物的表情》一书中，曾把眼睛的活动变化作为人类情绪的表征。

20世纪60年代，美国芝加哥大学的赫斯博士，曾经用瞳孔变化的大小和规律，来测定一个人对事物的兴趣、爱好、动机以及对异性的爱慕等心理变化，发现彼此确实相关。我国古代的孟子也说过："存乎人者，莫良于眸子，眸子不能掩其恶。"这就是说人的眼睛是能够表达思想情感的，甚至能表达用言语难以表达的极其微妙的思想情感。人们内心的隐衷、胸中的秘密，总是自觉不自觉地流露于多变的眼神中。

一般来说，不同的眼神表现着不同的情感。目光明澈表示胸怀坦荡；目光狡黠表示心术不正；目光炯炯表示精神焕发；目光如豆表示心胸狭窄；目光执著表示志怀高远；目光浮动表示轻薄浅陋；目光睿智表示聪明机敏；目光呆滞表示心事重重；目光坚毅表示自强自信；目光衰颓表示自暴自弃。

　　另外，故弄玄虚的眼神仍是高傲自大的反映，神秘莫测的眼神则是狡猾奸刁的反映；似匣剑出鞘的灼灼逼人的目光是正派敏锐的写照，如蛇蝎蛰伏灰冷阴暗的目光是邪恶刁钻的写照。坦诚者目光像一泓清泉，悠然见底；英武者目光如电掣雷奔，波澜惊绝；典雅者目光似白云初晴，幽鸟相逐；俊秀者目光如玉气藏虹，珠胎含月；妩媚者目光似素花始香，夏梅初笑；豪放者目光如云风波浪，海天苍苍。

　　如果你双眼虚盯前方，旁若无人，那你的眼神昭示着：我是一个"了不起的人"；如果你频频左顾右盼，滴溜溜转，那你的眼神又告诉别人：我"戒心十足"或"心怀鬼胎"等等。眼神在交际中具有很大的功用，它可以反映交际者的交际态度，表达交际者丰富多彩的情感意识。在整个交际过程中，眼睛会把他此时的思想情绪、心理变化以及他的品德、学识、性格与审美观等毫无保留地画在眼睛这幅情感的图画中，打印在眼睛这个思想的荧光屏上，让对方看得清楚，读得准确，得到启迪。

　　从交际主体分析，平视、正视表示理解、平等、喜欢；俯视表示宽容爱护；仰视表示尊敬、期待。从交际客体分析，对你敬仰的人，目光往往平视；喜欢你的人目光会流露出热烈的色彩；傲慢而不可一世的人，目光是仰视、轻视；而讨厌你的人，目光会无意识地乱转，甚至会流露出疲倦的色彩；亏心的人，目光里总是有躲躲闪闪的东西；正直无邪的人，目光沉静并给人以诚挚的力量；恋人之间的目光会传递甜蜜的情意，朋友之间的目光会表达关切的深情；与战友离别时，目光里会流露出美好的祝愿和不尽的眷恋；互相对立的人，言辞尽管漂亮，握手尽管热烈，但目光与目光在碰撞中会迸发出挑战的火花来。

开口前先送上一个微笑

我们在与人交往中，不管是同意人家的意见还是不同意，都不要摆出一副冷冰冰的面孔，谁也不愿意和态度冰冷的人谈话。即使是出于某种无奈而非谈不可，在心底也已经产生了反感。试想，这样的谈话能有好结果吗？因此，我们在交往中要学会笑，学会用笑给人以温暖。不论对方是谁，有怎样的见解，如何让人讨厌，都要在开口之前送上一个微笑。

有这样一个故事：

飞机起飞前，一位乘客请求空姐给他倒一杯水服药。空姐很有礼貌地说："先生，为了您的安全，请稍等片刻，等飞机进入平稳飞行状态后，我会立刻把水给您送过来，好吗？"15分钟后，飞机早已进入了平稳飞行状态。突然，乘客服务铃急促地响了起来，空姐猛然意识到：糟了，由于太忙，忘记给那位乘客倒水了！空姐来到客舱，看见按响服务铃的果然是刚才那位乘客。她小心翼翼地把水送到那位乘客跟前，面带微笑地说："先生，实在对不起，由于我的疏忽，延误了您吃药的时间，我感到非常抱歉。"这位乘客抬起左手，指着手表说道："怎么回事，有你这样服务的吗？"无论她怎么解释，这位挑剔的乘客都不肯原谅她的疏忽。

接下来的飞行途中，为了补偿自己的过失，每次去客舱给乘客服务时，空姐都会特意走到那位乘客面前，面带微笑地询问他是否需要水，或者别的什么帮助。然而，那位乘客余怒未消，摆出一副不合作的样子。

临到目的地前，那位乘客要求空姐把留言本给他送过去。很显然，他要投诉这名空姐。等到飞机安全降落，所有的乘客陆续离开后，空姐紧张极了，本以为这下完了，没想到，等她打开留言本，却惊奇地发现，那位乘客在本子上写下的并不是投诉，相反却是一封热情洋溢的表扬信："在整个过程中，您表现出的真诚的歉意，特别是你的十二次微笑，深深打动了我，使我最终决定将投诉信写成表扬信！你的服务质量很高，下次如果有机会，我还将乘坐你们的这趟航班！"

空姐看完信，感动得热泪盈满了眼眶。

在所有的交际语言中，微笑是最有感染力的，微笑是放之四海而皆准的"人际交往的高招"。往往一个微笑能很快缩短你与他人之间的距离，表达出你的善意、愉悦，给人如沐春风的温暖。一个微笑，邻座的人就可能成为自己的朋友。一个微笑，会燃起一对青年男女的爱慕之情。笑暖人心，又能体谅人心，给人以幸福感、自由感。微笑不花费什么，却有意外的收获。微笑创造家庭快乐，建立人与人之间的好感。微笑使疲倦者休息，拘束者轻松，悲哀者节哀，就像一种情绪的调和剂，更是人际关系的润滑剂。但是在运用微笑传情达意的时候，要注意做到以下几点。

1. 要笑得自然

微笑是发自内心的，是美好心灵的外观。这样才能笑得自然，笑得亲切，笑得美好、得体。要注意不能为笑而笑，没笑装笑。

2. 要笑得真诚

微笑既是自己愉快心情的外露，也是纯真之情的奉送。真诚的微笑让对方内心产生温暖，有时候还可能引起对方的共鸣，使之陶醉在欢乐之中，加深双方的友情。

3. 要笑在合适的场合

微笑并不是不讲条件的，也并不是可以用于一切交际环境。它的运用是很有讲究的。当你面带笑容时，你的心情不会差到哪里去。当你面对一个笑容满面的人时，你也很难不对他报以微笑。微笑使人觉得自己受到欢迎、心情舒畅，但对人微笑也要看场合，否则就会适得其反。有时候，微笑让你看起来紧张、无助，特别是在笑得太夸张的情况下尤其如此。当你出席一个庄严的集会，去参加一个追悼会，或是讨论重大的政治问题，自然不宜微笑。当你同对方谈论一个严肃的话题，或者告知对方一个不幸的消息时，或者是你的谈话让对方感到不快时，也不应该微笑，或者要及时收起微笑。

4. 微笑的程度要合适

微笑是向对方表示一种礼节和尊重。但是如果不注意程度，微笑得放肆、过分、没有节制，就会有失身份，引起对方的反感。

5. 微笑的对象要合适

对不同的交际对象，应使用不同含义的微笑，传达不同的感情。不然难免会有适得其反的情况出现。

如何运用首语

所谓首语，就是通过头部活动传递信息。它包括点头、摇头、侧头、昂头、低头等。这里说的首语，仅仅是指头部的整体活动传达的信息，而不包括头部的器官传递的信息。

点头可以表明这样一些意思：同意、致意、肯定、承认、赞同、感谢、应允、满意，也可以表示理解、顺从等情绪。

摇头表示这样一些意思：不满、怀疑、反对、否定、拒绝、不同意、不理解、无可奈何等。

歪头（侧头）也有多种含义，可表示思考，表示天真。譬如小孩子在听大人说话或者在思考一个问题的时候，喜欢歪着头，并托着腮帮。

昂头可以用来表示充满信心、胜利在握、目中无人、骄傲自满等。头一直向后仰，还表示陶醉。

低头表示的情绪有：顺从、听话、委屈，也可以表示另有想法等。

在首语的运用方面我们要注意以下一些原则。

1. 动作要明显

尤其是它发挥替代功能的时候。如到底是点头还是摇头，要让对方看清楚，正确领会。

2. 注意配合其他交际语言的使用

如点头的时候配合"嗯"，就不至于产生误会。也可以配合其他体态语言使用。有很多成语就体现了这一特点，譬如"点头哈腰""昂首阔步"等。

3. 注意一些文化差异

如前南斯拉夫的塞尔维亚人表示同意就是将头向前伸，土耳其人表示否定要把头抬起来，特别是保加利亚和印度的某些民族，用点头表示否定，用摇头表示肯定，与我们的习惯恰好相反。这就要求我们在与这些有文化差异的民族交往之前，先弄清楚他们的习惯。

4. 注意和声音语言的自然配合

头部动作最好与声音语言相配合，以便对方正确理解，以免误会。

5. 首语的使用频率不能过高

虽然在聆听对方说话时，适当的点头或者侧头会让说话的人觉得你在用心听，但是过高的使用频率却分散了说话者的注意力或者感觉到有点肤浅。

注意说话时的姿态

在日常交际中，一个人的一举一动都属于体态语言，这些动作时刻被人所注视。如果在交际中你想留给别人一个好印象，就要注意自己的姿态。

具体地说，姿态是说话者文化素养和情趣的侧面体现，它用自己微妙的作用和效果完成了语言难以完成的任务，如果恰当地运用态势语这门无声的语言，可以让你做得更加端庄、大方，增加你交往的个人魅力，给对方迅速留下一个很好的印象。你是否有过这样的经验：遇到一个人，只和他接触了片刻，就有一见如故、相见恨晚的感觉。和某个人见面之后，立刻就知道他是什么样的人而本能地喜欢或者讨厌这个人。

我们往往在7～20秒内就判断了别人，而别人也是这样就判断了你，这就是彼此在双方心中留下的印象，这种印象极难改变并且可以延续一辈子。这就是我们为什么本能地喜欢和讨厌一些人。

虽说人不可貌相，海水不可斗量，可是，最先判断一个人就是从外在的"相"，去揣测这是一个什么样的人。尽管这种以貌取人很片面甚至是很不科学，但却是一种普遍的社会现象，是人们给别人印象和获得印象的基本途径，而且已经成为人们的一种习惯。

因此，为留给别人一个良好印象，不可忽视说话的姿态。

如果你和人见面无精打采，对方就会猜想也许你不欢迎他。如果你左顾右盼不正视对方，对方就可能怀疑你是否有交际的诚意。如果你趾高气扬，对方可能会认为你目中无人。如果你点头哈腰、谦虚过分，对方可能怀疑你别有用心。

所以，在一般情况下和人见面时，你的姿态应不卑不亢、落落大方，主动欠身、握手表示欢迎问候，眼睛正视前方。

同时，观察别人的姿势也能了解对方的心理，有利于交际的成功。如果对方重重坐下去，并不自觉地晃动着身子，可能他情绪烦躁，心神不安。如果他不时地晃腿或脚尖击地，可能是用这些动作来减轻内心紧张。如果他双肘支在双膝上，上身略微向你倾过来，说明他对你的交谈极感兴趣。如果他有意识地挪开身体，说明他想与你保持一定的距离，对你有所戒备。如果他坐着慢慢地向后靠，斜成一个半躺的姿势，可能他很自负，有强烈的优越感，这时，你就要小心应对了。

以下是体态语运用4大原则。

1. 自然是对体态语的首要要求

有的人说话时，动作生硬、刻板木讷；有的则刻意表演，动作和姿态做作，像在"背台词"。这都会使人觉得不真实也缺乏诚意。

孙中山曾这样告诫人们，"处处出于自然"，即使"有时词拙"，也"不可故作惊人模样"，这样才能博得人们的信赖。因此有人说，宁要自然的雅拙，不要做作乖巧。这不是没有道理的。

2. 体态动作简单精练

举手投足要符合一般生活习惯，简洁明了，易于被人们看懂和接受。不要搞得烦琐复杂，拖泥带水，不要龇牙咧嘴、手舞足蹈地像在表演戏剧。否则，不仅会喧宾夺主，妨碍有声语言的正常表达，也会使听的人眼花缭乱，不知所措。要注意克服不良的习惯动作，多余的体态语必须去掉。

3. 运用要适度得体

所谓适度，就是要求动作要适量，以不影响听者对你说话的注意力为度，不要用得过多。有的人做的动作比说的话还多，那不是口才，而是表演。所谓适宜，即要求动作必须与说话内容、情绪、气氛协调一致，不要故作姿态、故弄玄虚甚至手口不一。据说美国前总统尼克松在一次招待会上举起双手招呼记者们站起来，嘴上却说"大家请坐"，使记者们大伤脑筋。于是，这一说话与动作的不协调成了逸闻。

4. 要生动有活力

生动是对体态语的细节要求，使它在运用中富有活力，能够感人。只有生动的体态语，才能艺术地表情达意，才能给人以美感，从而产生感染力和征服力。事实上，体态语也是丰富多彩的，如"看"这个动作就有300多种不同的表现方式，如正视、斜视、注视、凝视、仰视、轻视、鄙视等，每一种都代表不同感情，而之间的区别就在眉眼的细节上。因此，灵活运用体态语技巧，充分展示其表情达意的活力，才能取得优美、生动的表达效果。

手势语是口语表达的第二语言

手势语是一种表现力很强的体态语言，它通过手和手指的活动变化使所要表达的思想和情感内容更加丰富，更具吸引力和说服力。可以说，手势是口语表达的第二语言。

语言学家们认为，手势是人类进化历程中最早使用的交际工具，是先于有声语言的，手势语在今天的交际中使用频率和范围仍然很大。

早在两千年前就有一位古罗马的政治家、雄辩家说过："一切心理活动都伴随着指手画脚等动作。双目传神的面部表情尤其丰富，手势恰如人体的一种语言，这种语言甚至连最野蛮的人都能理解。"一位在华讲学的心理学教授与一群聋哑儿童不期而遇，居然能用欧美流行的手势语言同他们顺利交流。事后，这位教授风趣地说："用手势语交流比不懂英文的人用手势比划更方便、更省事。"

美国一位心理学家在环球旅行时进行过一次有趣的调查。在1小时的谈判中，芬兰人做手势1次，意大利人80次，法国人120次，墨西哥人180次。俄国人在表露自己的感情时较为矜持，如果说话时指手画脚，会被看做缺乏教养，然而，在西班牙和拉美一些国家，说话时特别喜欢用手指点自己身体的某个部位。

生活中人们常常用手势来增强口语的感情色彩，比如人在高兴时常常会拍桌子、捶腿、摸胡子、揉眼睛，悲痛时捶胸脯，为难时会搓手，悔恨时自拍脑门，紧张时摸头发，称赞时竖起大拇指，蔑视、小看人时伸出小拇指。第二次世界大战期间，英国首相丘吉尔在结束电视演讲时，举起右手握拳，伸出食指和中指构成"6"字形，以象征英文"胜利"一词的开头字母，结果引起了全场欢呼。至今人们还常用它来表示祝愿和信心。

在人们日常交谈中，说话者手掌伸开手心朝上，表示他诚实、直率；如果他一边说，一边用手指指，那么他可能相当自负；如果他一边说话，一边摆弄手指，或用手指弹桌子，表明他内心紧张；如果在谈话中他用单手握拳，拳臂向上，好像在宣誓的样子，这时你可得小心点，他虽然表面上装得老实，而内心却可能打着什么主意。

握手的学问

握手是人们日常生活中最常见也是运用最广泛的交往礼仪，同人见面时的握手，分别时的握手，两手一经接触，所有的思想情感便渗透其中。

这看似简单的习惯动作，因所要表达感情的微妙变化，背后也隐藏着深厚的学问。

首先，握手要注意起码的礼节。握手一定要用右手握手，要紧握对方的手，时间一般以1～3秒为宜。当然，过紧地握手，或是只用手指部分漫不经心地接触对方的手都是不礼貌的。被介绍之后，最好不要立即主动伸手。年轻者、职务低者被介绍给年长者、职务高者时，应根据年长者、职务高者的反应行事，即当年长者、职务高者用点头致意代替握手时，年轻者、职务低者也应随之点头致意。和年轻女性或异国女性握手，一般男士不要先伸手。握手时，年轻者对年长者、职务低者对职务高者都应稍稍欠身相握。有时为了表示特别尊敬，可用双手迎握。

其次，握手要分清对象。男士与女士握手时，一般只宜轻轻握女士手指部位。男士握手时应脱帽，切忌戴手套握手。握手时双目应注视对方，微笑致意或问好，与多人同时握手时应顺序进行，切忌交叉握手。同外宾握手，应该照顾到对方的风俗习惯，同时又要热情、友好、大方、不卑不亢。为表示尊重对方，不要戴着手套和他人握手。

最后，握手要把握分寸。在任何情况下拒绝对方主动要求握手的举动都是无礼的，但手上有水或不干净时，应谢绝握手，同时必须解释并致歉。握手的力度要因人而异。初次见面，彼此不大熟悉的人握手，不宜用力。如双方是熟人，又是偶尔相见，可适当用力或延长相握时间。不管熟悉与否，都不宜用力过大。

握手的作用有很多，如表示友情、诚意、祝愿、谅解、合作、期待、鼓励、欢迎、告别、热情、充满信心、达成协议、消除误会等。

优雅的体姿给人好印象

体姿对一个人整体形象的塑造有着很重要的作用。人的体姿与人的相貌有着同等的重要性，共同显示出一个人的气质和风度。如果"站无站相""坐无坐相""走无走相"，即使相貌再漂亮也会大打折扣。外貌是天生的，而体姿却可以通过后天的训练向理想姿态转变。

1. 坐姿

坐姿语就是通过各种坐的姿势来传递信息的语言。

坐姿包括就座和坐定的姿势。入座时要轻而缓，走到座位前转身，轻稳地坐下，不应发出嘈杂的声音。坐下后，上身保持挺直，头部端正，目光平视前方或交谈对象。腰背稍靠椅背，在正式场合，或有尊者在座，不能坐满座位，两手掌心向下，叠放在两腿之上，两腿自然弯曲，小腿与地面基本垂直，两脚平落地面，两膝间的距离，男子以松开一拳或二拳为宜，女子则以不松开为好。非正式场合，允许坐定后双腿叠放或斜放，交叉叠放时，力求做到膝部以上并拢。

无论哪一种坐姿，都要自然放松，面带微笑。在社交场合，不可仰头靠在座位背上或低着头注视地面；身体不可前俯后仰，或歪向一侧；双手不应有多余的动作；双腿不宜分开过大，也不要把小腿搁在大腿上，更不要把两腿直伸开去，或反复不断抖动。这些都是缺乏教养和傲慢的表现。

2. 站姿

站姿语就是通过站立的姿态传递信息的语言。从一个人的站姿可以看出一个人的状态，有很多人站立时喜欢用一只腿做支撑，有的人喜欢倚靠在什么东西上，这些都不是可以在正式场合运用的站姿，让人感觉松懈、不礼貌，我们一定要注意挺身直立，脊背挺直，目光平视，表现出愉悦、自信的感觉。

站立是人们生活、工作及交往中最基本的举止之一。正确的站姿是站得端正、稳重、自然、亲切。上身正直，头正目平，面带微笑，微收下颌，肩平胸挺，直腰收腹，两臂自然下垂，两腿相靠直立，两腿靠拢，脚尖呈"6"字形。女性两脚可并拢，肌肉略有收缩感。如果站立过久，可以将左脚或右脚交替后撤一步，但上身仍须挺直，伸出的脚不可伸得太远，双腿不可叉开过大，变换也不能过于频繁。站立时，如有全身不够端正、双脚叉开过大、双脚随意乱动、无精打采、自由傲慢的姿势，都会被看做不雅或失礼。

3. 步姿

步姿或者说是走姿，就是通过行走的步态传递信息的语言。与坐姿语和立姿语不同，步姿语是动态的，所以要放到动态中来研究。

下面我们着重介绍步姿的类型。第一种是稳健自得型。行走的时候，步履稳健，昂首挺胸，仰视阔步，步伐较缓，步幅较大。这种步姿的含义就是"愉快、自得、有骄傲感"。第二种是自如轻松型。行走时心情轻松，步子的幅度适中，步速不紧不慢，上身直立，两眼平视，两手摆动自然。这种步姿的含义就是"自如轻松，比较平静"。第三种是庄重礼仪型。行走的时候，上身挺直，步伐矫健，双膝弯曲度小，步姿幅度和速度都适中，步伐和手的摆动有强烈的节奏感，眼睛正视前方。这种步姿的含义就是"庄重、热情、有礼"。

做一个会倾听的人

雄辩是银，倾听是金。

在我们身边，经常会有这样的人，他们喜欢多说话，总是喜欢显示自己，好像他博古通今似的。不少人为了使别人赞同自己的意见，就唠唠叨叨地说个不停，使别人根本没有说话的余地。这样的人，以为别人会很佩服他们，其实，只要有点社会阅历的人，都会不以为然。更聪明的人，或者说智慧的人知道说得多错得也就多，所以不到需要时，总是少说或者不说。

所以，当人家说话的时候，自己若有不同意之处，应待别人说完，切不可插话或阻止人家。因为当人家还有许多话没有说完，绝不会来接受你的意见，也根本不会注意听你的。所以我们应鼓励别人把意见表达出来，耐心地倾听别人讲话。

真正有学问的人大智若愚，不乱说话，相反那些腹中空空，没有几滴文墨的人却喜欢大吹大擂。所以，我们应记住一条原则：在一般场合，最好能少说话。

比如，在类似座谈会的场合中，大家踊跃发言，而往往不注意听清楚别人的意见。所以，经常产生误会，各抒己见，难求一致。真正有见识的人，会在倾听中把众人的论点加以分析、整理，提出自己的意见，从而使座谈讨论走向正确方向，达到预期目的。

威尔逊带着母亲、妻子和5个孩子开车到华盛顿旅行，一路所住的汽车旅馆，房间矮小，设施破烂不堪，有的甚至阴暗潮湿，又脏又乱。几天下来，威尔逊的老母亲抱怨地说："这样的旅行度假，简直是花钱买罪受。"善于思考问题的威尔逊听到母亲的抱怨，又通过这次旅行的亲身体验，得到了启发。他想：我为什么不能建立一些便利汽车旅行者的旅馆呢？他经过反复琢磨，暗自给汽车旅馆起了一个名字叫"假日酒店"。

想法虽好，但没有资金，这对威尔逊来说，确是最大的难题。他想招募股份，但别人没搞清楚假日酒店的模式，不敢入股。威尔逊没有退缩，心中只有一个念头，必须想尽办法，首先建造一家假日酒店，让有意入股者看到模式后，放心大胆地参与募股。具有远见卓识且敢想敢干的威尔逊，冒着失败的风险，果断地将自己的住房和准备建旅馆的地皮作为抵押，向银行贷款30万美元。第二年，终于在美国田纳西州孟菲斯市夏日大街建起了第一座假日酒店。5年以后，他将假日旅馆开到了国外。

倾听别人说话，是为人处世必不可少的内容。能够耐心倾听别人说话的人，必定是一个富于思想的人。威尔逊就是一个有思想的人。他的成功，在于他能注意倾听别人的谈话。

我们在吸取他人有益的思想时，必须做的事就是要像威尔逊那样，学会倾听，听别人说什么，从他人的语言中提炼有价值的信息，便于自己思考时使用。

做一个耐心的倾听者要注意6个规则。

1. 对讲话的人表示称赞

这样做会形成良好的交往气氛。对方听到你的称赞越多，他就越能准确表达自己的思想。相反，如果你在听话中表现出消极态度，就会引起对方的警惕，对你产生不信任感。

2. 全身心注意倾听

你可以这样做：面向说话者，同他保持目光的亲密接触，同时配合标准的姿势和手势。无论你是坐着还是站着，与对方要保持最适宜的距离。

3. 以相应的行动回答对方的问题

对方和你交谈的目的，是想得到某种可感觉到的信息，或者使你做某件事情，或者使你改变观点，等等。这时，你采取相应的适当行动就是对对方最好的回答方式。

4. 别逃避交谈的责任

作为一个倾听者，不管在什么情况下，如果你不明白对方说出的话是什么意思，你就应该用各种方法使他知道这一点。比如，你可以向他提出问题，或者积极地表达出你听到了什么，或者让对方纠正你听错之处。如果你什么都不说，谁又能知道你是否听懂了？

5. 对对方表示理解

这包括理解对方的语言和情感。可以使对方感到亲切，受到鼓励。

6. 要观察对方的表情

交谈中很多时候是通过非语言方式进行的，那么，倾听时就不仅要听对方的语言，而且要注意对方的表情，比如看对方如何同你保持目光接触、说话的语气及音调和语速等，同时还要注意对方站着或坐着时与你的距离，从中发现对方的言外之意。

在倾听对方说话的同时，还有几个方面需要努力避免：第一，别提太多的问题。问题提得太多，容易造成对方思维混乱，谈话精力难以集中。第二，别走神。有的人听别人说话时，习惯考虑与谈话无关的事情，对方的话其实一句也没有听进去，这样做不利于交往。第三，别匆忙下结论。不少人喜欢对谈话的主题作出判断和评价，表示赞许和反对。这些判断和评价，容易让对方陷入防御地位，造成交际的障碍。

第8章

会攻心善说服：这么说，所有人都听你的

当要说服一个人时，最怕对方一开口就说"不"，这是最不容易克服的交谈障碍。每个人都有自己的观点和立场，从潜意识里就不愿意被别人说服。当发现有人试图说服他时，第一个反应就是表示反对。所以，要想成功说服别人，就应将对方的心理往正面的方向引导，让对方说更多的"是"。

寻找最佳突破点

说服是生活中常见的一种口才艺术，人生在世，经历不一，性格不一，学识不一，专业不一，与之相对应的心态、兴趣、做事、为人，当然也不一样。

"一千个读者心中有一千个哈姆雷特。"一方面说明莎氏戏剧中哈姆雷特这个艺术形象的复杂性，另一方面也说明人和人之间的巨大不同。因此，"说服"自古以来都在人们交往中扮演着重要的角色，孔子周游列国说之于礼，苏秦张仪连横合纵于七国之间，留下了许多千古佳话。

说服成为我们建立和谐人际关系的关键。说服是一门艺术，更是一个人综合素质的具体体现，比如一些权威言论或经实践证明的真知灼见，人们自然不说自服，而在日常生活中要想因某事而说服某人，就必须掌握一些说服的技巧和法则，以提高说服的效率。

俗话说，"知己知彼，百战百胜"，要想在最快的时间内寻找到说服别人的最佳突破点，可以试着从以下几种方法着手。

1. 了解对方的性格

不同性格的人，接受他人意见的方式和敏感程度是不一样的。如是性格急躁的人，还是性格稳重的人；是自负又胸无点墨的人，还是有真才实学又很谦虚的人。了解了对方的性格，就可以按照他的性格特征，有针对性地说服他了。

2. 了解对方的长处

一个人的长处就是他最熟悉、最了解、最易理解的领域。如有人对部队生活比较熟悉，有人对农村生活比较熟悉，有人擅长于文艺，有人擅长于体育，有人擅长交际，有人擅长计算等。

在说服人的时候，要从对方的长处入手。第一，能和他谈到一起去。第二，在他所擅长的领域里，谈论起来他容易理解，因此容易说服他。第三，能将他的长处作为说服他的一个有利条件，如一个伶牙俐齿、善于交际的人，在分配他做推销工作时可以说："你在这方面比别人具有难得的才能，这是发挥你潜在能力的一个最好机会。"这样谈既有理有据，又能表现领导者对他的信任，还能引起他对新工作的兴趣。

3．了解对方的兴趣

有人喜欢绘画，有人喜欢音乐，有人喜欢读书，还有人喜欢下棋、养鸟、集邮、书法、写作等，人人都喜欢从事和谈论其最感兴趣的事物。从这里入手，打开他的"话匣子"，再对他进行说服，便较容易达到说服的目的。

4．了解对方的想法

一个人坚持一种想法，绝不是偶然的，他必定有自己的理由，而且他讲的道理一般都符合他自己的利益或人之常情。但这常常不是他想要坚持的，只是不愿承认，难于启齿。如果说服者能真正了解他的"苦衷"，就能有针对性地加以解决。

5．了解对方的情绪

一般来说，影响对方情绪的因素有以下几方面：一是谈话前对方因其他事所造成的心绪仍在起作用；二是谈话当时对方的注意力还未集中起来；三是对说服者的看法和态度。因此，说服者在开始说服之前，要设法了解他当时的思想动态和情绪，这对说服的成败，是一个至关重要的环节。

凡此种种，你都要悉心研究，才能够有针对性地采取有效的说服方式。另外，了解对方是有许多学问的。许多人不能说服别人，就是因为他不仔细研究对方，不研究该用怎样的表达方式，就急忙下结论，还以为"一眼看穿了别人"。这就像那些粗心的医生，对病人病情不了解就开了药方，当然不会有好的效果。

说服3要素

1. 贵在坚持

日本理研光学公司董事长市村清先生，想说服W先生购买新发明的阳画感光纸，但他听说W先生对这类新技术、新发明一向不感兴趣。

市村清先生细心观察，讲话很有礼貌，向他解说蓝色晒图应如何改变阳画感光纸，一次、两次……六次、七次，一再拜访。有一天，W先生不耐烦了，破口大骂："我说不行就是不行，要讲几次你才理解？以后，不要再与我们制图师接触了。"

他生气了，证明他已经开始在意你的行为了，这是有希望的事情。既然已经生气，让他情绪稳定下来就太可惜了。如此，市村清第二日清晨又去了。

"昨天跟你讲过，怎么你又来啦？"

"喔？昨天很难得挨骂，所以我又来了。"市村清先生微笑着回答，"打扰你了，再见！"W先生一下子呆住了，而市村清先生认为已经有了反应，达到了一定效果，所以暂时以退为进。

第三天一早他又去了，"早安！"四目相接触，W先生终于被市村清说服了。

2. 让事实说话

当一种观念进入心底很长时间时，有时外人用话语的确难以改变它。此

166

时，可用事实这种最有力的武器来说服他。

1961年6月10日，周总理接见溥杰的夫人嵯峨浩时，了解到嵯峨浩的顾虑。嵯峨浩刚到中国，因为是日本人，又是伪满皇帝的弟媳，担心受到歧视。为了打消嵯峨浩的顾虑，周总理请三个人作陪，一位是老舍夫人，一位是京剧名旦程砚秋的夫人，还有一位是照顾总理夫妇的护士。为什么请这三人？因为她们都是满族人。总理先介绍三位陪客，然后讲了我们党的政策，讲中国各族人民都有平等的地位，不会受到歧视。如果没有三位满族人在场，以事实作证，嵯峨浩未必会相信总理，未必会去除偏见，打消顾虑。

改变一个人对一件事的偏见，就要找到与他观念相悖的事实，自然而然地引进这个事实，并在时机成熟时阐述它，发挥它，使之真正成为你的有力论据。若要改变一个人对另一个人的偏见常常要难得多。但用同样的方法也可以做到，只不过需要更长的时间，更多的坚持，也即积累更多的事实。让事实说话，让说话的声音更有力。

3. 活用数据

我们生活在数字的世界里，每天所见、所闻与所思的一切，几乎没有不涉及数字的。因此，我们也许对数字或多或少地产生麻木或厌烦的感觉。其实，这样的感觉是很自然的，因为数字只是代表事实的一种符号，而非事实本身。在说服他人时运用数字，要留意下面两个要领。

（1）除非必要，否则不要随便提出数字。你抛出的数字过多，不但会令对方感到纳闷而关闭心扉，而且也会令听众觉得你没人情味，因为你所关心的只是冷漠的数字。

（2）要设法为枯燥的数字注入生命，也就是说，要让数字所代表的事实，能成为一般人生活经验中的一部分。只有这样，人们对数字才感到亲切，也才能产生兴趣。举例来说，下面的第一种数字陈述方式若能改为第二种陈述方式则其影响力将显著加大。

A："假如各位接纳我的提议，则公司每个月至少能节省67 453 750元开支。"

B："假如各位接纳我的提议，则公司每个月至少能节省67 453 750元开支。从另一个角度来说，倘若这项节省下来的开支，能以加薪的方式平均分配给公司的每一位成员，则每人每月的工资将增加3 500元。"

步步为营，语势磅礴

有一天，卡耐基突然同时接到两家研习机构的演讲邀请函，一时之间，他无法决定接受哪家邀请。但在分别与两位负责人洽谈过后，他选择了后者。

在电话中，第一家机构的邀请者是这样说的："请卡耐基先生不吝赐教，为本公司传授说话的技巧给中小企业管理者。由于我不太清楚您所讲演的内容，就请您自行斟酌吧。人数估计不超过100人……万事拜托了！"

卡耐基认为，这位邀请者说话时平淡无力，缺乏热忱。给人的感觉，便是一副为工作而工作的态度，让人感受不到丝毫的热情，也给他留下相当不好的印象。

此外，对方既没明确地提示卡耐基应该做什么、要做到什么程度，也没有清楚交代听讲人数，教他如何决定演讲内容呢！对此，卡耐基自然没有什么好感。

而另一家机构的邀请者则是这样说的："恳请卡耐基先生不吝赐教，传授一些增强中小企业管理者说话技巧的诀窍。与会的对象都是拥有50名左右员工的企业管理者，预定听讲人数为70人。因为深深体悟到心意相通的时代离我们越来越远，部属看上司脸色办事的传统陋习早已行不通。因此，此次恳请先生莅临演讲的主要目的，是希望让所有与会研习者明白，不用语言清楚地表达出自己想法的人，就无法成为优秀的管理人才。希望演说时间控制在2个小时左右，内容锁定在：①学习说话技巧的必要性。②掌握说话技巧的好处。③说话技巧的学习方法这三方面，希望能带给大家一次别开生面的演讲。万事拜托了！"

卡耐基明显感觉到这家机构的邀请者明快干练、信心十足，完全将他的热情毫无保留地传达给了自己。更重要的是，对方在他还没有提出问题的情况下，就解答了所有的疑问。因此，在卡耐基的脑海里立刻浮现出自己置身讲台的情景，并很快就能够想象出参加者的表情，以及自己该讲述的内容等。显然，这种邀请方式很能带给受邀者好感。

显然说服别人是需要一定技巧的。其中最重要的是依循一定的步骤。像行军打仗一样，步步为营，才能稳中求胜，也易形成排山倒海的气势。

1. 吸引对方的注意和兴趣

为了让对方同意自己的观点，务必要吸引劝说对方将注意力集中到自己设定的话题上。利用"这样的事，你觉得怎样？这对你来说，是绝对有用的……"之类的话转移他的注意力，让他愿意并且有兴趣往下听。

2. 明确表达自己的思想

明白、清楚的表达能力是成功说服的首要要素。对方能否轻轻松松倾听你的想法与计划，取决于你如何巧妙运用你的语言技巧。

准确、具体地说明你想表达的话题。比如"如此一来不是就大有改善了吗？"之类的话，更进一步深入话题，好让对方能够充分理解。为了让你的描述更加生动，少不了要引用一些比喻、实例来加深听者的印象。适当引用比喻和实例能使人产生具体的印象；能让抽象晦涩的道理变得简单易懂；甚至使你的主题变成更明确或为人熟知的事物。如此一来，就能够顺利地让对方在脑海里产生鲜明的印象。说话速度的快慢、声音的大小、语调的高低、停顿的长短、口齿的清晰度等都不能忽视。

除了语言外，你同时也必须以适当的表情、肢体语言来辅助。

3. 动之以情

说服前只有准确地揣摩出对方的心理，才能够打动人心。通过你说服对方的内容，了解对方对此话题究竟是否喜好、是否满足，再顺势动之以情或诱之以利，告诉他"倘若照我说的去做，绝对省时省钱，美观大方，又有销路……"不断刺激他的欲望，直到他跃跃欲试为止。

如他在想什么，他惯用的行为模式为何？现在他想要做什么等。一般而言，人的思维和行动都是由意识控制，即使他人和外界如何地建议或强迫，也不见得能使其改变。因此，想要以口才服人的人，必须意识到说服的主角不是自己而是对方。也就是说，说服的目的，是借对方之力为己服务，而非压倒对方，因此，一定要从情感深处征服对方。

4. 提示具体做法

在前面的准备工作做好之后，就可以告诉对方该如何付诸行动了。你必须让对方明了他应该做什么、做到何种程度最好等。到了这一步，对方往往就会很痛快地按照你说的去做。

点滴渗透，巧妙攻心

有这样一个例子：

某家用电器公司的推销员挨家挨户推销洗衣机，当他到一户人家里，看见这户人家的太太正在用洗衣机洗衣服，就忙说："哎呀！这台洗衣机太旧了，用旧洗衣机是很费时间的，太太，该换新的啦……"

结果，不等这位推销员说完，这位太太马上产生反感，驳斥道："你在说什么啊？这台洗衣机很耐用的，到现在都没有故障，新的也不见得好到哪儿去，我才不换新的呢！"

过了几天，又有一名推销员来拜访。他说："这是令人怀念的旧洗衣机，因为很耐用，所以对太太有很大的帮助。"

这位推销员先站在这位太太的立场上说出她心里想说的话，使得这位太太非常高兴。于是她说："是啊！这倒是真的。我家这部洗衣机确实已经用了很久，是太旧了点，我倒想换台新的洗衣机！"于是推销员马上拿出预先准备好的宣传小册子，提供给她作为参考。

这种推销说服技巧，确实大有帮助，因为这位太太已产生购买新洗衣机的决心。至于推销员是否能说服成功，无疑是可以肯定的，只不过是时间长短的问题了。

善于观察与利用对方的微妙心理，是帮助自己提出意见并说服别人的要素。一般来说，被说服者之所以感到忧虑，主要是怕"同意"之后，会不会发生意想不到的后果；如果你能洞悉他们的心理症结，并加以防备，他们还有不答应的理由吗？

可见，攻心是说服的关键。具体表现在以下几方面。

1. 了解对方的想法

想要让对方同意你的意见，第一点就是要设法先了解对方的想法与凭据来源。曾经有一位很优秀的管理者说："假如客户很会说话，那么我就有希望成功地说服对方，因对方已讲了七成话，而我们只要说三成话就够了！"事实上，我们大多数人为了要说服对方，就精神十足地拼命说，说完了七成，只留下三成让客户"反驳"。这样如何能顺利圆满地说服对方？因此，应尽量将原来说话的立场改变成听话的角色，去了解对方的想法、意见，以及其想法的来源或凭据，这才是最重要的。

2. 接受对方的想法，同时也让对方接受你

如果对方反对你的新提议，是因为他仍对自己原来的想法保持不舍的态度，且他的看法尚有可取之处，那么此时最好的办法，就是先接受他的想法，站在对方的立场想问题，最好能说出对方想讲的话。就像上述故事中第二位推销员那样做。为什么要这样做呢？因为当一个人的想法遭到别人一无是处的否决时，极可能为了维持尊严或咽不下这口气，反而变得更倔强地坚持己见，排斥反对者的新建议。若是说服别人沦落到这地步，成功的希望就不大了。

至于令对方感到不安或忧虑的一些问题，要事先想好解决之法，以及说明的方法，一旦对方提出问题，可以马上说明。如果你的准备不够充分，讲话时模棱两可，就会令人感到不安。所以，你应事先预想一个引起对方可能考虑的问题，此外，还应准备充分的资料，为客户提供方便，这是相当重要的。

3. 明确说服的内容

有时，虽然满腹的计划，但在向对方说明时，如果对方无法完全了解其内容，他可能马上加以否定。另外还有一种情形，对方不知我们说什么，却已先采取拒绝的态度，摆出一副不会被说服的模样；或者眼光短窄，不愿倾听。如果遇到以上几种情形，一定要耐心地一项项按顺序加以说明。务求对方了解我们的真心实意，这是说服此种人要先解决的问题。对不能完全了解我们说服的内容者，千万不可意气用事，必须把自己新建议中的重要性及其优点，一下打

入他的心中，让他确实明白。举一个例子加以说明，假如你说服别人，第一次不被接受时，千万不可意气用事地说："说了也是白说！"

把劝说的动机藏起来

古希腊有个神话，说宙斯给潘多拉一个盒子，盒子里面装着这个世界所有的罪恶和苦难。宙斯告诉她绝对不能打开。潘多拉很好奇，越是不让打开，她就越想打开盒子，看看里面到底装了什么。结果她打开了盒子，放出了世界上所有的罪恶。

这种心理在现实生活中确实存在，越是禁止的东西，人们越感兴趣，越难得到的东西，也就越显得珍贵。为什么会有这种现象呢？心理学家认为，人类有一种探究的本能，遇事都想知道个究竟，以揭示其奥秘。就是这个本能激发了人们的好奇心，驱使人们去解开事物的真相。

利用这个道理，我们要劝说别人的时候，为了增强信息的影响力，就需要把劝说动机巧妙地"隐藏"起来，让被劝说者感到"意外"地获得了劝说的信息，可有效地增加信息的可信度。

在改变人们的态度时，也可以根据逆反心理的特点，把某种劝说信息以不宜泄漏的方式表达给被劝说者，或者以不愿让人们多得的方式出现，就可能引起人们对这一信息的重视，使他们毫不怀疑地接受它。

有时候耳语也能起到这样的效果，喃喃细语是富有情趣的。恋人只有在很甜蜜的时候才会肩并肩地窃窃私语，吵架的时候绝不会如此。劝说他人也是如此。有个成语叫做"促膝长谈"，意思就是靠在一起说知心话。坐在一起面对面和风细雨地谈，比站着喊更能让人感到亲切。如果你说话的声音由于情感的融合而逐渐变小，那么心理的交流也就会逐渐顺畅，两个人的心沟通了，劝说自然也就容易起来。

迂回战术消除对方的戒备心理

在与陌生人打交道的时候，双方都会存在一定的戒备心理，这种心理状态会影响双方自如地交往。所以，消除戒备状态、让人放松是首先要解决的问题。当交往对象持有顽固的见解时，直来直去地阐述自己的观点往往会碰壁，遇到这种情况最好采取"迂回战术"。

所谓的迂回战术，就是把对方的注意力从他敏感的问题上引开，绕个弯子，再回到正题上来，这样可以消除对方的戒心，避免陷入僵局。

卡耐基曾经告诫人们："与人交谈，要让对方接受自己的观点，不要先讨论双方不一致的问题，而要先强调，并且反复强调你们一致的事情。让对方一开始就说'是'、'对的'，而不要让对方一开始就说'不'。"

心理学研究发现，当人们说出"不"字的时候，他的整个肌体，包括肉体和精神，都处于一种明显的收缩状态，这种状态往往会使他拒绝任何人的意见。同时，当"不"字说出来以后，人们就不愿意再悔改。哪怕他明显地意识到自己出现了错误，也会找出种种理由为自己辩解，甚至会贬损对方的观点，这就是某种自尊心作祟。

明白了这个道理，在劝说对方的时候就尽量不要让对方把"不"字说出来，或让他暂时忘记自己的观点。要尽可能地让对方说"是"，这时候他是放松的，比较容易接受他人的意见，至少不会轻易地反对，而会先权衡。而且一旦"是"字说出口，他也不会再轻易地否定了。所以要利用这种心理学效应让对方接受你的意见。

反复劝说不如巧妙点拨

明武宗时，秦藩请求加封陕边地，而此地战略上十分重要，与国家社稷的关系更是紧密相连，但是皇上受人撺掇，已经同意了，叫大学士们起草一个加封的诏书。梁文康承命起草了这份诏书，他巧妙地采用正话反说的方法表达了劝阻皇帝、改变封地的意见。

他写道："过去皇太祖曾诏令说：'这块土地不能封给藩王，不是吝啬，而是考虑到它的地广物丰，藩王得到后一定会多养士兵马匹，也一定会因富庶而变得骄纵。如果此时有奸人挑拨引诱，就会行为不轨，有害于国家。'现在藩王既然恳请得到这块土地，那么就加封给你吧！但得此地之后，不要在此收聚奸人，不要在此多养士兵马匹，不要听信坏人挑唆，图谋不轨，扰乱边境，危害国家。否则，到时想保全自己的妻子儿女都不可能了。请藩王在此事上慎之又慎，不要疏忽。"

皇上看到诏书很忧虑，觉得还是不把此地封给藩王为好。梁文康在这里运用了巧妙的说服战略，从而阻止了土地的滥封。

这个故事说明在说服的过程中，与其喋喋不休地进行劝说，不如通过巧妙的方法进行点拨。前者令人生厌，效果甚微；后者巧妙而简洁，收效却很显著。

曲径通幽，成功说服

我们在说服别人的过程中，若既不能速战速决迅速找到最佳突破点，又无法正面与其交锋打消耗战，那么不妨绕绕弯，曲线救国，曲径通幽。

清朝著名才子纪晓岚很善于驾驭言语，一次，乾隆皇帝想开个玩笑考验纪晓岚的辩才，便问纪晓岚："纪卿，'忠孝'二字作何解释？"

纪晓岚答道："君要臣死，臣不得不死，是为忠；父要子亡，子不得不亡，是为孝。"

乾隆立刻说："那好，朕要你现在就去死。"

纪晓岚："臣领旨！"

乾隆："你打算怎么个死法？"

纪晓岚："跳河。"

乾隆："好吧！"

乾隆当然知道纪晓岚不可能去死，于是静观其变。不一会儿，纪晓岚回到乾隆跟前，乾隆笑道："纪卿何以未死？"

"我碰到屈原了，他不让我死。"纪晓岚回答。

"此话怎讲？"乾隆疑问道。

"我去到河边，正要往下跳时，屈原从水里向我走来，他说：'晓岚，你此举大错矣！想当年楚王昏庸，我才不得不死；可如今皇上如此圣明，你为什么要死呢？你应该回去先问问皇上是不是昏君，如果皇上说他跟当年的楚王一样是个昏君，你再死也不迟啊！'"

乾隆听后，放声大笑，连连称赞道："好一个如簧之舌，真不愧为当今的雄辩之才。"

纪晓岚巧用"迂回出击"的技巧，在毫不损害乾隆面子的情况下，点出他的无理之处，一举令他折服。很显然，乾隆是根据纪晓岚提出的"君要臣死，臣不得不死，是为忠"之论叫他去死，此令顺理成章。纪晓岚临阵进退皆无道理，只有迂回出击，方能主动创造契机，指出如果皇上承认自己是昏君，他就去死。乾隆当然不可能承认自己是昏君，故纪晓岚很自然地也就把自己从"死"中解脱出来，为自己找到了一个充分的不死理由。

公元前265年，赵国的赵太后刚执政不久，秦国便发兵前来进攻。赵国求救于齐国。齐国提出必须以赵太后的小儿子长安君作为人质，才肯发兵相救。但是赵太后舍不得小儿子，坚决不允。赵国危急，群臣纷纷进谏。赵太后依旧坚决地说："从今日起，有谁再提用长安君当人质，我就往他脸上吐唾沫。"大臣们便不敢再多说什么。

有一天，左师触龙要面见赵太后，赵太后认为触龙一定是为了劝谏此事而来，于是她便摆开了吐唾沫的架势。不想触龙慢条斯理地走上前，见了太后，关心地说："老臣的脚有毛病，行走不便，因此好久未能来见太后，我担心太后的玉体违和，今天特地来看望。最近太后过得如何？饭量没有减少吧？"

太后答道："我每天都吃粥。"触龙又说："我近来食欲不振，但我每天坚持散步，饭量才有所增加，身体才渐渐好转。"

赵太后听触龙不提人质的事，怒气也渐渐消了。两人于是亲切、融洽地聊了起来。聊着聊着，触龙向赵太后请求道："我的小儿子叫舒祺，最不成才，可是我偏偏最疼爱这个小儿子，恳求太后允许他到宫中当一名卫士。"

太后赶紧问触龙："他几岁了？"

触龙答："十五岁。他年岁虽小，可是我想趁我在世时，赶紧将他托付给您。"

赵太后听到触龙这些爱怜小儿子的话，深有同感，便忍不住与他闲谈。

太后说："真想不到你们男人也疼爱小儿子呀！"

触龙说："恐怕比你们女人更爱小儿子。"

触龙见时机已到，于是把话题深入一步，说：

"老臣认为太后爱小儿子爱得不够，远不如太后爱女儿那样深。"太后不同意触龙的这个说法。

触龙解释道："父母爱孩子，必须为孩子作长远的打算。想当初，太后送女儿远嫁燕国时，虽然为她的远离而伤心，可是又祈祷她不要有返国的一日，希望她的子子孙孙相继在燕中为王。太后为她想得这样长远，这才是真正的爱。"

太后信服地点了点头。触龙接着说："太后如今虽然赐给长安君许多土地、珠宝，但若不使他有功于赵国，太后百年之后，长安君能自立吗？所以我说，太后对长安君不是真正的爱护。"

触龙这番话说得赵太后心服口服，同意给长安君准备车马、礼物，送他去齐国当人质，并催促齐国出兵。而齐国也很快就出兵解了赵国之围。

触龙说服赵太后的方法，便是运用曲径通幽、以迂为直策略的典范。

英国军事家哈利也曾说过："在战略上，漫长的迂回道路，常常是达到目的的最短途径。"

强调最关键的理由最具说服力

理由是说服人的关键，也是根本，因此我们在说服别人的过程中最具说服力的方法，就是强调最大最关键的理由。

拿破仑·希尔曾应邀向俄亥俄州立监狱的服刑人发表演说。他一站上讲台，立刻看到眼前的听众之中有一位是他在十年前就已认识的朋友——D先生，D先生此前是一位成功的商人。

拿破仑演讲完毕后，和D先生见了面，谈了谈，发现他是因为伪造文书而被判20年徒刑。听完他的故事，拿破仑说："我要在60天内，使你离开这里。"

D先生脸上露出苦笑，回答说："希尔，我很佩服你的精神，但对你的判断力却深感怀疑。你可知道，至少已有20位具有影响力的人士曾经运用他们所知的各种方法，想使我获得释放。但一直没有成功。这是办不到的事！"

大概就是因为他最后的那句话——"这是办不到的事"——向拿破仑提出了挑战，他决定向D先生证明，这是可以办到的。

拿破仑回到纽约市，请求他的妻子收拾好行李，准备在哥伦布市——俄亥俄州立监狱所在地——停留一段不确定的时间。

拿破仑的脑海中有一项"明确的目标"，这项目标就是要把D先生弄出俄亥俄州立监狱。他从来不曾怀疑能否使D先生获释。他和妻子来到哥伦布市，买了一处高级住宅，像要永久性住下去一样。

第二天，拿破仑前去拜访俄亥俄州州长，向他表明了此行的目的。

拿破仑是这样说的："州长先生，我这次是来请求你下令把D先生从俄亥俄州立监狱中释放出来。我有充分的理由，请求你释放他。我希望你立刻给他自由，为此我准备留在这儿，等待他获得释放，不管要等待多久。在服刑的期间，D先生已经在俄亥俄州立监狱中推出一套函授课程，你当然也知道这件事：他已经影响了俄亥俄州立监狱中2 518名囚犯中的1 728人，他们都参加了这个函授课程。他已经设法请求获得足够的教科书及课程资料，而使得这些囚犯能够跟得上功课。难得的是，他这样做并未花费州政府一分钱。监狱的典狱长及管理员告诉我说，他一直很小心地遵守监狱的规定。当然了，一个能够促使1 700多名囚犯努力学习的人，绝对不会是个坏家伙。我来此请求你释放D先生，因为我希望你能指派他担任一所监狱学校的校长，这将使得美国其余监狱的16万名囚犯获得向善学习的良好机会。我准备担负起他出狱后的全部责任。这就是我的要求，但是，在您给我回答之前，我希望您知道，我并不是不明白，如果您将他释放，而且，您又决定竞选连任的话，这可能会使您失去很多选票。"

俄亥俄州州长维克·杜纳海先生紧握住拳头，宽广的下巴显示出坚定的毅力。他说："如果这就是你对D先生的请求，我将把他释放，即使这样做会使我损失5 000张选票，也在所不惜……"

这项说服工作就此轻易完成了，而整个过程费时竟然不超过5分钟。

三天以后，州长签署了赦免状，D先生走出监狱的大铁门，他再度恢复了自由之身。

拿破仑之所以能够成功地说服州长，和他的周密考虑和精心安排是分不开的。拿破仑事前了解到，D先生在狱中的行为良好，为1 728名囚犯提供了良好的服务。当他创办了世界上第一所监狱函授学校时，他同时也为自己打造了一把打开监狱大门的钥匙。既然如此，那么，其他请求保释D先生的那些大人物，为何无法成功地使D先生获得释放呢？他们之所以失败，主要是因为他们请求州长的理由不充足。他们请求州长赦免D先生时，所用的理由是，他的父母是大人物，或者是说他是大学毕业生，而且也不是什么坏人。他们未能提供给俄亥俄州州长充分的动机，使他能够觉得自己有充分的理由去签署赦免状。

拿破仑在见州长之前，先把所有的事实研究了一遍，并在想象中把自己当作是州长本人思考一遍，而且弄清楚了，如果自己真的是州长，什么样的说辞才最能打动州长。拿破仑是以全美国各监狱内的16万名男女囚犯的名义，请求释放D先生的。因为这些囚犯可以享受到D先生所创办的函授学校的利益。他绝口不提他有声名显赫的父母，也不提自己以前和他的友谊，更不提他是值得我们帮助的人。所有这些事情都可被用来作为请求保释他的最佳理由，但和下面这个更大、更有意义的理由比较起来，就显得没有太大的意义。这个更大、更有意义的理由是，他的获释将对另外的16万名囚犯有很大的帮助，因为他获释之后，将使这些囚犯享受到他所创办的这个函授学校的好处。因此，拿破仑靠着这个最大、最关键的理由获得了成功。

第9章

特别的爱要特别地说，别出心裁的完美告白

　　在追求爱情的道路上，无论哪一种方式的甜言蜜语都不为过。让心爱的人百听不厌的爱的告白，永远都是幸福之花的催化剂。如何说出一句令人心仪的话来感动她（他），是需要动一些脑筋的。爱一个人就要大声说出来，如果能用一种独特的方式说出你的爱意，给对方一个甜蜜的惊喜，哪怕只是一句，也一定是最动人的情话。

初次见面要说真诚话、赞美话

由于初次见面的重要，不少青年男女第一次见面时往往不知如何开口，或说些什么话，即使原本健谈、幽默和风趣的人也会变得木讷、寡言甚至手足无措。这种现象在现实生活中已经见怪不怪。

其实你大可不必那么紧张，也不要封闭自己的感情和心灵，如果初次见面你觉得对方还不错，就大胆地向他表示自己的真心，就算你有什么具体的实际要求，也不妨诚恳地说出来；遮遮掩掩，想问不敢问，想说不敢说，会把约会变成一个别扭、难堪的聚会，那样就没什么意思了。

在任何场合，男性主动向女性打招呼、问好，这对男性应是一种礼貌。这时，男性应主动开口，并尽量展开话题，不要出现冷场。例如小张经人介绍与小李姑娘认识。小张首先开口说："你好！我已经等了你很长时间了，真怕你突然改变主意不来了，那我就惨了。你觉得我怎么样？首先外观上你能通过吗？我这个人最大的缺点是不会收拾装扮自己，所以迫切想找个贤内助帮我料理收拾。如果能那样的话，你一定会发现一经打扮，我还挺不错的呢！不要笑，我这个人就好开玩笑，虽然工资不高，但生性乐观，爱好广泛，如听音乐、打篮球、游泳、看书等，又好动又好静。你呢？"

如此这般，小张很自然地展开话题，并引导姑娘说话，从中探测她的志趣爱好，可谓一举两得。

男性通常喜欢温柔贤惠、稳重大方、活泼开朗的女性。也许在女性开口之前，男性还会对她的容貌有所挑剔，但只要她一开口说话，表现出令他喜爱的品德，容貌就成为其次的了。

37岁的小吴第一次与男友见面时这样说："听说你在单位里很有人缘而且很能干，是不是因为太执迷于工作了，所以耽误了恋爱结婚？噢，我说呢，怪不得人家说你老实忠厚，其实姑娘们并不都喜欢有钱的男人，主要还是挑人品。我以前见过几个，也是别人介绍的，个个都算有钱，但他们仗着有钱，要求甚高，而且自我感觉太好，仿佛天下的姑娘都任他们挑似的，我不喜欢这样的男人，你呢？"

男友第一次见面就喜欢上了心直口快、稳重大方的小吴。

当一个女孩子第一次答应跟你约会时，她内心忐忑不安，不敢相信你是完全发自真心地爱她，但她又期待着你说出火热的情话，表现出你急切想跟她好的真心。如果你能做到这一点，那么就可以很顺利地和她交往下去了。

"这两天我都吃不下去饭，光想着怎样约你出来，跟你单独见面谈一谈，现在你终于来到我身边，真是太好了！"

"你看天上的月亮，你就像那月亮一样明丽照人，一到晚上，看到月亮，我就想你。你也像那月亮一样温柔似水，我从来没有像喜欢你这样喜欢过别人。"

"那一天，我看到你跟一个男孩子说话，真嫉妒得要死，整整一个晚上，我都在比较我和他谁优谁劣。哎！也不知怎么搞的！你就像个仙女一样把我迷住了，真不知道要是失去你，我会是什么样子。好在你现在在我身边，真是太好了！明天你一定要来呀！"

大多数女孩子表达感情的方式比较含蓄，内心爱情如潮涌，表面上却很平静，看不出丝毫痕迹，甚至还略显冷漠来掩饰自己的真情实感。她们在第一次会见自己喜欢的人时，往往不大愿意多说话，但又不能不说，所以言语多较为谨慎，带点探询、含糊其辞等特征，或假装天真、糊涂，让对方多说，以便观察、了解他的为人。

"我是不是来晚了？我没想到你会约我。"

"我也不知道怎么回事，最近总是心神不定。"

"我第一次看到你，就觉得你挺特别的。"

"你觉得你自己有什么优点？"

"真不知道在你面前说刚才那些话合不合适！"

女孩子的爱一般表现在行动上，而在语言上不大能表现出来；所以恋爱时，还是以男孩子主动开口说话为主，如果你能掌握她的心理、爱好，有针对性地开口说话，那样效果更佳。要明白，女孩子喜欢大胆、直率和真诚的男孩子，只要你把握住夸奖、赞美的原则，让她听了感觉愉快、甜蜜，你们就一定能继续交往下去。

第一次谈话开启初恋心扉

初恋是迷人的，也是朦胧的。怎样获得姑娘的爱恋，怎样让小伙子爱慕，第一次谈话至关重要。

一见钟情，顾名思义是由恋爱双方的直觉感官产生的，是由对方的形象、印象决定的，如外貌、风度、言谈等，使男女双方的钟情发生在一见之初。但凡一见钟情的恋人，当触及真爱时，总是这样表述：我好像被你深深地吸引住了；我或许爱上了你；你是我接触的女人中唯一吸住了我的心的人；你真的很可爱，只是这时间过得太快了，明天我……

男女青年是很容易"变"友情为恋情的。对于这种形式的恋人，不能去谈他们"第一次交谈"了，只能说在经历了初识至普通朋友的漫长过程中，随着时间，随着年龄，随着互相了解和感情的增厚，逐渐发展到恋情，并首次坦陈萌芽了的爱情，启开对方的心扉时，才可以称为"第一次"。

列宁是在伏尔加河畔认识克鲁普斯卡娅的，是在"吃第四张春饼时"爱上的。由于革命工作繁忙，列定只好把爱情深深地锁在心灵深处。当列宁和克鲁普斯卡娅被捕后，列宁还用化学药水写了一封信给她，第一次向她表白了自己的爱情。以后当列宁流放到西伯利亚后，抑制不住相思之苦，才写了一封求婚信，信的末尾是这样写的：请你做我的妻子吧。面对列宁突然表白的求婚方式，克鲁普斯卡娅勇敢地闯进了严寒的西伯利亚，投入到了列宁的怀抱。

马克思与燕妮是"青梅竹马"。进入了青年时代，有一次，马克思对燕妮说道："我已经爱上了一个人，决定向她求婚……"此时，一直挚爱着马克思的燕妮，听到马克思这么说，心里顿时急躁起来，愣了半天，便问马克思："你能告诉我你所选择的姑娘是谁吗？"马克思回道："可以呀。"边说边将一个小方盒递给了燕妮，还说道："在里面，打开它，你便会知道，不过只能当我离开以后……"等马克思走后，燕妮的心里七上八下，她终于启开了盒盖，里面只有一面镜子，别无他物。燕妮恍然大悟，幸福地笑了，镜子里照出了她美丽的容颜，照出的正是被马克思挚爱的燕妮自己。

有些男女属于性格内向、忠厚老实且不善言语的人。在赴约相见的时候，无论男方或女方，都要克制忐忑不安的心境，用不着羞答答，"犹抱琵琶半遮面"，更不应该木讷寡言，吞吞吐吐。而要落落大方，主动交谈。可以谈天气、谈周围环境、谈所见所闻，然后再言归正传，谈年龄，谈文化程度，谈工作，谈性格，谈嗜好，谈家庭情况，谈社会关系等。对于是非性的话题，可以谈清楚一些，有利于双方的了解，以免将来产生误会。对于心灵深处的流露，情感方面的表白，可含蓄、委婉、曲折些——这毕竟是"第一次交谈"，留点悬念或许下次交谈时易于"畅谈"。值得注意的一点是，交谈的双方，都必须注意以适宜对方理解、接受为基础，不然你的"高谈"对方只一知半解，可能会造成误解。

毋庸置疑，第一次同恋人怎样进行交谈，并非有什么模式。因为人的性情不同，文化修养不同，气质不同，职业不同，爱好不同，追求不同，其表达方式、言谈内容都会不尽相同。但是，根据人的共同规律，可以总体列出一个"大纲"：在理想上要谈得远大些，实际些；在感情上要丰富些，情真意切些；情态上要表现出诚恳、稳重；在情爱的流露上要含蓄；在学识上要表述得渊博……谈话是一门高深的学问，更是一门学无止境的艺术，恋爱的语言艺术更是如此。

甜蜜的约会是"说"出来的

当你对一个异性心旌摇动时，你的内心也许正在酝酿一次甜蜜的约会。而在有些人的观念中，主动约会的一方会有失身价，今后在恋爱过程中会被动。这样的想法是既幼稚又有害的。男女双方，都可以主动提出约会。尤其是男方，在这方面更应表现出一种主动的精神和姿态。不过，提出约会时，应注意以下方面：

（1）无论是用打电话还是口头等方式约对方会面，都不能以命令或生硬的口吻和态度，"逼迫"对方同意，而应以温和的商量的口气，协商行事。

（2）选择时间和地点时，要充分考虑对方的赴约方便，最好是在商量时，让对方提出意见，以女方的方案为主。如果对方提不出具体意见，则可以提出自己的想法，经对方同意后再作决定。

（3）约会的时间地点一经确定，没有十分特殊的情况，双方都不能失约，不能迟到，更不可事先不通知对方，便单方面改变时间地点。这样做既不礼貌，也会使对方久等失望而产生不满情绪和误会。

（4）因交通不便或交通工具出了故障，或其他客观原因而迟到的一方，应主动向对方表示歉意，并说明原因，请对方谅解。同时，先到的一方，对于对方因无法解决的困难而失约或迟到，也应予以充分的体谅和安慰。不可表示怒意，更不可使性子，一句话不说便丢下对方扬长而去，这样做的结果只能是恋爱失败。尽可能预先把困难想得周全一些，并在时间上留有余地，不可限得过死，以免因意外情况而无法准点赴约。如果约会是去看电影、戏剧或体育比赛等，则双方都应提前到达，不可延误。一方延误，即使对方等得焦急不安，又会因进场较晚而影响他人，显得缺少礼貌。

第一次约会，态度和所谈的内容也应注意。一般来讲，有以下原则必须遵守：

（1）真诚、坦率。对对方希望了解的情况和提出的问题，如实地介绍和回答。有一说一，有二说二，既不能有意隐瞒，更不能说谎欺骗。

（2）无论是谁主动提出约会，无论是谁在追求谁，在约会谈话时，都不可表现出洋洋得意之态，或以开玩笑的方式贬人褒己。要尊重对方，谦虚礼貌。当实在谈不下去，想尽早离开时，也应先征得对方同意，不可以任何方式不辞而别。

（3）交谈的内容尽可能广泛些，除了解对方的一些基本情况，还可找一些题目，交换看法，从中试探对方的观念、水平、兴趣，以及对生活、对人生、对艺术等的态度与鉴赏能力。第一次交谈，最好不直接问及对方的家庭财产以及对方以往的恋爱史等。

（4）考虑到各人性格上的差异，不可要求对方第一次见面时便滔滔不绝，同时，自己也不可毫不观察对方的反应，而大唱独角戏。要善于掌握分寸，善于寻找题目，善于诱发对方谈话的兴趣。

给恋人难忘的第一句话

第一次约会，最难的莫过于开口交谈了。第一句话说什么，谁先开口，这是一个关键所在。

第一次约会意味着男女双方经过一段时间的酝酿后，你将以恋人的身份正式出现在异性朋友面前，同时也意味着爱情的小舟已经解缆，开始驶入碧波荡漾的爱情海洋。当然，从另一方面来说，这也孕育着无穷的烦恼和愁苦。总之，你们进行的第一次约会，将会给你们留下终生难忘的回忆；当你们已经开始了约会的第一步，你对未来伴侣的慎重选择，就现实地展现在你的面前了。

在约会时，往往出现这样的情况：一对男女席地而坐，两颗心如烈火燎原，但却谁都开不了口，长久的缄默静坐，这是多么令人焦急的场面啊；或是小伙子口若悬河，滔滔不绝，姑娘在一旁静静而坐，一方热情过火，旁若无人，一方胆怯羞涩，无以对答，初次见面本是双方交流情感的开始，现在却成了单方面的长篇演说，叫人如何是好；或是姑娘轻言细语，问题不断，小伙子心慌意乱，笨嘴拙舌，本来情意绵绵的约会，却成了一问一答的"审讯盘问"，不得不使小伙子露出一副窘态。

第一次约会的第一个话题极为重要。据说有的青年一到这种场合，常把先前编好的"台词"一字一板地背出来，还说这般精心设计，是为了引起对方的共鸣。其实这样往往达不到预期的效果，甚至还会适得其反。

试想，人家是来谈情说爱的，不是来听演讲、看演出的，应该牢记，快乐的谈话在于双方和谐的回答。生活是如此的丰富，天地是那样的广阔，你既可以从工作学习谈起，也可以从自己的经历或家庭生活谈起，还可以从眼前的事物中捕捉情趣，不要给人造成一种装腔作势之感。

第一次约会什么都可以谈，但决不可轻而易举就进入"实质性"的问题。只有"傻小子"才会第一次约会时，在云绕雾罩的情况下表白："啊，我太爱你！你愿意嫁给我吗？"这样的问话，太煞风景。

第一次约会的交谈，最重要的是一个"诚"字。有些人喜欢"捉迷藏"，故弄玄虚，而不愿意实事求是地表露自己的真实情感，表明心迹时扭扭捏捏，述己之长时夸张失实，道己之短时遮遮掩掩，其结果往往会给对方留下浮夸虚假的感觉，不利于互相了解和感情上的交流，甚至引起不必要的误会。

因此，从你开口说第一句话时起，就一定要做到以诚相见。心诚则灵，诚才能以心换心，心心相印。真诚是爱情最宝贵的，真诚的话不在其滔滔不绝、华丽动人的词句，而在其恳切实在，表里如一。当你毫无保留地把自己的一切和盘托出时，只要对方是个明达事理的人，你就一定能顺利地叩开对方心灵的大门，换来一颗赤诚的心。

表达爱不只有一种方式

生活需要爱情，那么恋人之间该如何表达爱情呢？当然，是靠语言来完善感情交流的，古人说的"谈情"便是这层意思。但是"完善感情交流"的语言是有含蓄和狂热之分的，恋人之间最好是含蓄地表达爱情。

含蓄地表达爱情，首先可使话语具有弹性，不致对方一拒绝就没有挽回局面的余地。另外，这也符合恋爱时的那种羞怯心理，易于掌握。

陈毅与张茜是一对情爱甚笃的革命情侣。在革命战争年代的戎马生涯中，陈毅对张茜产生了一种超常的感情。为了表达自己深切的爱慕之意，陈毅写了一首《赞春兰》送给了张茜（当时张茜的字叫"春兰"）。诗中这样写道："小箭含胎初出岗，似是欲绽蕊露黄。娇艳高雅世难觅，万紫千红妒幽香。"张茜从这首诗中领悟了陈毅的深情，从此两个人确定了恋爱关系，那首《赞春兰》也就成了他们之间的"定情"之物。

以物传情法，就是在运用语言表达爱情的同时，借用物品传达情意。

美国著名影片《魂断蓝桥》的女主人公玛拉将自己心爱的象牙雕"吉祥符"送给男主人公罗依，请看他们几句简单的对话。

玛拉（从车窗伸出手，手中拿着"吉祥符"）："这个给你！"

罗依："这是你的'吉祥符'啊？"

玛拉："也许会给你带来运气，会的。"

罗依："我已经什么都有了，你比我更需要它。"

玛拉："你拿着吧，我现在不再依赖它了！"

罗依（接过"吉祥符"）："你真的太好啦！"

玛拉（对司机）："到奥林匹克剧院。"（对罗依柔情地）"再见！"

罗依（依恋地）："再见！"

玛拉和罗依是一见钟情的，这些对话虽然没有直言爱情，但从赠送"吉祥符"的对话中可以看出，双方都已满含爱慕之情。

无产阶级革命导师卡尔·马克思青年时代与燕妮热恋时，曾写过一首名为

《和谐》的诗：你知否／有这样一种魔力／它能使两个人心心相印／能使这对人儿匹配成亲／他们在红玫瑰中焕发异彩／他们藏在柔软的青苔如被单裹身。这里所说的"魔力"，就是爱的表达方式，它在于两人心与心之间的和谐，幻于无形又给人以强烈感触，因此爱情于心，形居其下。

让爱情长久保鲜的沟通6法

恋爱中的男女，相处时间一长，感情难免较之热恋时期愈来愈淡，约会次数减少，关心程度降低，进入到一个感情危机的"隐伏期"，后果自然不容乐观。此时若能有效地为双方感情升温，则会起到意想不到的效果。我们都知道，爱情需要双方的激情，但更需要双方小心维护。适时为感情升温是男女双方义不容辞的责任。

1. 寻找两人独处的机会

当恋爱关系明确后，彼此的依附心理增加了，特别是女方，希望能两人独处卿卿我我之外，更希望男方能多陪陪她，就是什么事也没有，也希望能坐在马路边聊聊天、说说话。因此，双方都应该多寻找一些两人独处的机会，只要没有紧要的工作、学习安排，就应考虑对方希望独处的心理需要，把空余时间安排得充实、丰富多彩些。

2. 捕捉对方细微的变化

要从对方的神情中敏锐地捕捉他（她）的心理反应，快乐、沮丧、不满、痛苦……各种情绪都会在神色言语间显露出来。特别是涉及对你的不满和某种要求等情绪时，他（她）不会直截了当地说出来，但会在神色言谈间有所表示。比如，她希望你送她一束花时，可能就会在鲜花店前流连一下，或者她会说她某同事的男朋友天天送花来，你一定要对这种细小动作留意。

3. 多形式传情

虽说几乎天天在一起，但时间久了也会有烦腻之感，甚至会感到两人在一起似乎从未认真地谈谈情，只是在一起玩乐而已，因此要运用多种形式来传情。送鲜花是一个老办法，却相当有效力。现在通信工具则提供了更为广阔的空间，如发电子邮件、QQ留言、微信等，不妨"肉麻"和缠绵些。

4. 从细节上体现关心

体贴关怀，是热恋中的男女都希望从对方那里得到的一种感觉。关心不能只体现在一些大事情上，细小的事情同样不能忽略。虽说女孩子喜欢男孩显得粗犷些，不要婆婆妈妈，但你在一些细小事情上关心她，她也很受用的。而男孩子则更喜欢事事细心的女孩子。

5. 不要过分取悦对方

在恋爱中，适当地迁就对方是必要的，但不要让迁就变为过分的取悦。不能在什么事情上都唯唯诺诺、唯命是从，让对方觉得你毫无主见。在有些事情上，适当地表现自己的固执，特别是对判断正确的事情，要显得"霸道"一点。作为男性，更应该注意这一点，用"占支配的地位"来显示你的自信、才略。女性适当地坚持己见，也表现出你并非只是"小鸟依人"。

6. 利用距离产生美

从心理学角度来说，并不是接触越多，感情就越深。有时，适度的分离更能加深彼此的爱恋，"小别胜新婚"便是这个道理。

与女性相处的秘诀

一般而言，女人要求承诺的欲望很强，恋爱中的女人更是如此。就是在结婚后，女人也爱问："亲爱的，你爱我吗？"她时常要求确认"爱"，而对此感到退却的大多是丈夫。在男人看来，不管如何爱她，"我爱你"这三个字只要讲过，就不想说第二次。男人总是这样认为，我是否爱你，你可以在实际行动中看出来，还用问吗？可是，对女人来讲，语言比行动更为重要。假如男人不在她们耳边重复着说"我爱你"，她们就认为不能与对方沟通。处于幸福、甜蜜状态的女人，都是根据丈夫的"爱语"或反复的动作得到安心和了解的。

因此，满足这种心理是男人的责任，"我爱你""我喜欢你"这些话对女人是非常重要的。她们认为这样是女人显示内在价值和魅力的标志所在。无论女人多么聪明，和男人比较起来，抽象思考问题的能力总是薄弱的。而从感情上讲，男人一般较为理性，比之女人缺乏情趣。这就是说，女人对于实际的东西总是比较容易理解。而那些所谓的"漂亮""可爱"等抽象词语，非但不能打动她们的心，反而会使她们提高警惕。

为了使女人易于了解你对她的赞美，不妨改用具体的言语表现，效果一定很好。一般的女人不管多美，总对自己的面貌或身材拥有或多或少的自卑感，甚至某些就男人看来根本就微不足道的问题，女人也耿耿于怀，自卑不已。所以，男人若以抽象的言语赞美对方，反而会让对方误以为是在讥讽她，对你再也不予信任。同样的，对方若是个美女，你不妨直接去赞美她某某处美。

人们接受外界信息与知识，主要靠视觉和听觉，男人多属视觉型，女人则多属听觉型。女人的语言表达能力强于男人，特别是对声音的分辨，明显优于男人。当双双陶醉于爱的旋涡时，女人总是喜欢闭上眼睛来享受那种欢乐，此时此刻，如果你在她耳边说几句情意绵绵的话语，一定会在她心中奏起感情的共鸣曲，她会感到幸福无比。

女人喜欢男人在她面前绘声绘色地描述一件有意义的事情，如果你将一天的所见所闻生动诙谐地表述给你的女友听，她一定会为你倾倒，并使双方的思想能在和谐的气氛中得到交流。人们对背后的言语总是很敏感，尤其是女人，背后的话对她们的影响力很大。女人之所以如此，多半原因是想从周围的声音中了解一个更真实的自我，尽管这往往让她们感到失望。如果你对一位初次相识的女士说恭维话，相信她是不会认为自己真的那么好，这时候你千万别太主观地对她说："你真漂亮哟！"而应该说："听一些朋友说过你很美丽可爱，今日一见果真名不虚传。"或者"早就听说你们单位今年招了一位非常美丽的女孩，原来就是你啊！而且比想象的更美丽。"像这样客观一点地对她说，她反而更容易接受。说不定，还会因此对你的印象特别深刻。

如何赢得男性的喜爱

有人说，在爱情面前，男人较之女人要更脆弱一些。这话虽然有些偏激，但也不是完全没有根据。在现实生活中，男人作为家庭或者说未来家庭的保护神，除了承受着社会、家庭、爱情等方面的压力，还要不时迎接自尊给他们带来的挑战。因此，当我们看到一个男人不管不顾的时候，就是他最脆弱的时候。这种脆弱不同于女人的柔弱，但一样需要关怀和爱护。所以，有位哲人说过这样一句话："好女人会在男人的脚步声中跳舞。"话中之意，浅显又深刻。

1. 翩翩起舞

请你想一下，下面举出的言语之中，你到底对他使用了多少？

"我爱你。"

"我毕生只爱你一个人。"

"我依偎在你身旁，就已感觉到无上的幸福了。"

"对于我来说，你就是一切，什么东西也换不了你。"

"你是一个非常了不起的人。"

"我深知你的内心，我无时无刻不在关心你。"

"你是我的小太阳。"

"只要能够与你生活在一起，我就感到心满意足了。"

2. 绕过烦忧

每个人的生活环境都不同，即使是情侣，也会有意见不一致的时候和习惯上的差异，这是应该想到的，而且必须正视，不能佯装看不见。只要是谈话，就会有分歧和不一致，若能在分歧的地方加以细心体谅，那谈话就会生动活泼了。如果谈话时意见不一致，那就赶快扩大范围，或转换话题，这样彼此仍会获得快乐。否则，一直围绕着分歧的话题打转只会徒增烦恼。

3. 真实谎言

为了爱情而定制的谎言，往往会收到很好的效果，尤其是恋爱中的男女之间，谎言的作用好像润滑剂一样，表达着爱的真实。有效的谎言有很多种："上次跟你见面回去后，我又独自在公园里徘徊，虽然时间已经很晚了，可是我却没有一点儿倦意。我觉得那天的夜色，好美，好静！"这种谎言，是属于那种略带神秘性的谎言。

"每次和你约会时，总是在衣柜里翻半天，老觉得每件衣服都不好看，真觉得自己有点发神经了……"这种谎言，是一种俏皮、可爱的谎言，更深远的意思已经在无言中流露出来了，对方必定会为你所动。

有的女性很会为自己的男友着想，担心对方的经济能力不够，因此，在约会的时候说："不知道怎么回事，我对出租车有畏惧感。"

"每次坐在高级餐厅或咖啡厅时，我总觉得浑身不自在，觉得那种地方过于庄严，不适合我。说起来，我还是喜欢坐在阳台上欣赏夜色，吃自己煮的面，这样没有拘束感。"若对方没有充裕的经济能力，听到这些话，一定会为女方的温存体贴而感动。

4. 彬彬有礼

赠送礼物有其意想不到的价值，对男人更是如此。

如果女人赠男友围巾，自己可先围着再交给他。由于围巾里留着你的芳香，更能使他觉得你朦胧的情意。又如要赠送威士忌时，先放在自己的房间里，然后若无其事地邀请他来，说："在这个房间内，有一样我要送你的东西，你猜猜它是什么呢？"然后在交给礼物时，不能只说"给你"。如果是圣诞礼物，可以说一句"今年以来，你给了我非常快乐的日子，谢谢你"；如是围巾等礼物，附加一句"你常穿橘色的衣服，所以选这条青白格子相间带花纹的围巾送给你，看上去会更帅"。只此一句，就会让他飘飘欲仙地高兴起来。

5. 收放自如

常有恋人吵架吵得毫无意义，信口说："我非常讨厌你！不想再见你了！早知你是这样，去死就好了。""如果你这么说，那出去呀！马上！"这样的话随便说出，可能造成无法挽回的局面。在你吵架时，希望你能冷静，并能把握吵架的主动权，收发自如。首先不能一口气抓住对方的全部缺点，只能说三分之二，若超过的话，那就该打住。最不能忘记的一件事是，即使吵了架，也不要妨碍二人继续相处下去。人与人之间难免有意见上的分歧，对此应当承认，而不能一味地掩饰。在吵架的尾声，一定要有"这不是白费时间的吵架，而会增加我们之间的感情"的感觉，如此才能制造出吵架的高潮，这是很重要的。

恋爱中的试探术

恋爱中的人们往往交往到一定阶段就需要再向前突破，而此时如何突破大有讲究。利用心理战术拉近彼此的距离，这是每一个情场老手都擅长的，你不妨学习一二。

1. 无意识接近

你可以寻找理由碰触对方的身体。例如有车从后边驶来时，对她说："车来了"，于是轻轻地搂着她的肩膀将她拉近。

也可在来到餐厅门口时，轻轻拍拍她的肩膀，说："就这间，怎么样？"她若同意，轻轻抚着她的肩膀一同走进去。如果突然起风转冷或突然下雨时，脱下大衣披在她身上，然后轻搂其肩膀。在介绍建筑物或名胜古迹时，从背后把左手搭在她的肩膀上，右手指建筑物或古迹说："喏，就是那一幢。"

2. 有意识忘情

利用时机捏捏她的鼻子或其他易接触的部位，会让她觉得你和她多么亲密。例如摸摸她的头，用手指拢拢她的头发，或用手指抚摸她的头发。

如果她神态娇羞不表示反对，你在下次就可考虑进一步的接触。摸她的手时，顺势摸她的手指根部，她会有意外的快感。轻轻捏捏她的鼻子，会使她心花怒放。用手点她的额头，说："你这顽皮的小猪。"会把她逗笑。她刚在草地上站起来时，你说："哎呀，这里脏了。"顺手给她拍几下。

3. 眉目传情

当你能够将喜欢的心情注入目光中后，再试着以目光来表达其他的感情。首先试着表现"担心"。当他（她）迟到、稍微受伤或被上司斥责时，用一种"你还好吧"的眼光看对方。当他跟其他异性说的火热时，试着以"哼，干吗那么亲近"稍带嫉妒的眼光看他。他自然会捕捉到你所反射的信息，并会做出相应的反应。

4. 制造佳境

有经验的人常常会制造有利于身体接触的环境。因为身体接触的条件是外部气氛与环境再加上彼此亲密的交谈。这时交谈需由自然的话题展开，最好能有手势神态的配合，激起对方心灵的共鸣。环境与气氛则要注意以下几点：

（1）处于暗处：这可以消除双方的羞耻心，让感情更开放。

（2）处于窄处：双方身体会自然地接触，彼此会自然产生"磁力"。

（3）四周的熙熙攘攘，使你俩自然靠近，环境促成情绪的兴奋，身体接触会情不自禁，而且觉得另有一番情趣。

（4）幽静的林荫道，浓柳岸边，容易激起心中缕缕情思，也是合适的场所。

（5）气候温度适宜，太冷或太热都没有情调，温度以25℃为最适宜。

（6）能使双方陶醉的声音：低沉而断断续续的悄悄话、雨声等。

5. 心照不宣

有时，某对男女通过身体某些部位的接触产生了爱情，虽然没有语言的道白，彼此所交流的爱意却已经心照不宣。所以，如果与对方用语言难以将爱意戳穿的话，不妨试一试用身体接触表达对她（他）的爱慕之情。例如：

（1）过马路时，他要闯红灯，说"要小心"！然后紧紧拉着他。

（2）上下船或走过崎岖不平的路时，自然地伸出手，对她说："来，这儿危险，抓住我的手。"

（3）人很拥挤时，对她说："抓住我的手，否则要走散了。"她若忸忸怩怩，你就一把抓住她的手。如果她真的心中喜欢你，则只会作势地挣扎几下，然后就顺从；如果她确实不愿意，会"声色俱厉"地挣脱你，这时，你不要勉强，这是对她的意志的尊重，并不是表示你懦弱。

（4）她欲站起来时，自然地对她说："来，我拉你起来。"

（5）跟他比比手掌大小："来，我看你的手掌大我多少。哇，竟有这么大！"

（6）试试你的腕力：能否抵挡得住她用手拉。

（7）看手相：这方法很俗气，但很有效。如果你能讲五六分钟，就可使她大感兴趣。

不要吝啬爱的语言

有人说：沐浴在爱河中的人的字典里，没有老套的字眼。任何海誓山盟，"爱你爱到入骨"的话绝对应该去说，不必怕肉麻，除非你并不爱对方。

男女相处，尤其是已经到了接近谈婚论嫁的阶段，甜言蜜语非常有用，你不妨大胆些，在言语间多放点蜜。

与他久别重逢的时候你可以讲："好像在做梦，多么希望永远不要醒。"

你以充满爱意的眼神望着他："总是惦念着你！别的事我一概不想……我的感觉，好像一直跟你在一起。"

这是"无法忘怀，时常忆起"的心境，只要谈过恋爱的男女，一定有此经验的。除了他以外，任何事都不放在眼中，总是想念着他。相爱之初，热烈的甜言蜜语绝对不会使人感到厌烦，也许还认为不够呢！

你可以大胆地问他："你喜欢我吗？"

你或用这样的语气追问："说说看，喜欢到什么程度？"

你甚至可以单刀直入地这样对他撒娇："请你发誓，永远爱我！"

"世界是为我们而存在，对不对！"

"你爱我，我可以抛弃一切！你也是这样吗？爱就是一切。"

像这样接二连三地向男性表示"永远不变的爱情"，女性便会沉浸在自我陶醉之中。而男性的反应也会是积极的。可如果他说出："可以发誓，我永远爱你一个人。纵使海枯石烂，爱情也永不变！"男性若能够这么流利地说出来，一定表示他并不重视你，因为他对任何女性都会这么说。

普通男性会说："又来了！"感到畏缩与失望，口中哼哼嗯嗯地无法给予明确的回答，心中还想着其他的事。

当然，在爱情上，"我爱你"的言辞用得过多，未免有庸俗之感，倘若换为"我需要你"，就显得有实际的感觉。

"需要"与"爱"所表现的感受，对男性而言，似乎前者胜于后者。

恰当地运用甜言蜜语，可以使两个人之间的爱情温度逐渐升高。然而这些话只能用两个人听得到的声音互相呼应，如果在许多朋友面前得意地说出，周围的人会感觉很扫兴，还会肉麻。

第10章

求职口才先声夺人，3分钟征服面试官

在职场上，不是只靠熟练的技能和辛勤的工作就能出人头地的。从某种意义上来说，是否会说话在职场上起着举足轻重的作用，它决定了你职业生涯的顺利与否和职位的升迁。掌握了说话的艺术，就会为你在职场上赢得一个融洽的环境，一片任意驰骋的天空。

勇于推销自己

一个人要是能成功地推销自己，就能推销任何有价值的东西。而推销自己的目的，就是为了要别人能接受你、肯定你，接受你的理念、做事的方法、推荐的产品等。能被别人认可与配合，那你就成功了。你的理念能被别人接受，就使得工作与沟通非常容易地进行，工作完成后大家的默契增加，理念更加一致。

所以，我们今天必须丢开包袱，勇敢地推销自我。经过对自己的推销，使自己的理念、人格、做事方法被别人接受与肯定，于是在做任何事情的时候，一方面可以得心应手，另一方面成功的机会也就增大了。

推销自己，说得再简单一些就是展示自己，这和吹嘘自己是完全不同的。你的言谈举止、社交礼节、学识修养的展示不仅使别人对你的言行有一定的印象，也使你能更有效地改进自己，顺应社会。

战国时，七雄逐鹿中原以争天下，布衣毛遂自我推销，前往楚国游说，把自己的语言才能发挥得淋漓尽致，终于使楚王派兵救赵，解赵之围，为中国历史上留下了毛遂自荐的千古佳话。我国的茅台酒饮誉海内外，可当初它在万国博览会上却因包装粗糙而遭冷遇。面对如此尴尬的局面，富于推销意识的华商急中生智，故意失手打翻酒瓶，使茅酒"脱颖而出"，飘香五洲四海。

戴尔·卡耐基说："不要怕推销自己，只要你认为自己有才华，你就认为自己有资格担任这个或那个职务。"

推销是一门技术，也是一门艺术。由于每个人的生活经历不同，所受的环境影响不同，受教育的程度不同，因此，每个人的个性特征和相关的能力也不同。在心理学上，影响活动效率的基本因素被称做能力。

交际能力、专业能力、组织管理能力等不是天生的，不是静止不动的东西，而是后天勤奋学习、实践锻炼的产物。一个人即使不具备某种能力，或某种能力较差，但是只要不断努力，能力是可以提高的。相反，如果具备了一种能力条件，没有很好地发挥，不在实践中继续提高，原有的能力也会退化。另外，如果能力缺少正确的引导，会出现劳而无功的现象，有的能力甚至会用到歧途中去，"聪明反被聪明误"就是指这种现象。

同样，推销自己就是推销自己的能力，在各种各样的细节上表露自己的品行和价值。

在推销自己的时候，每个人都会经历失败和挫折。从某种意义上说，这也是社会这个大环境对你的推销作出的反应。而聪明的人就好比推销员能拿出适销对路的商品满足客户一样，他们及时调整自己，总结经验，吸取教训，重新包装自己，从而获得更大的利益。

成功推销自己，才能抓住面试的机会，这是应聘求职成功的关键。那么，求职者应如何运用得体的语言来成功地推销自己呢？

1. 你的语言要吸引招聘方的注意

说话时眼睛不可望着别处，更不可话音含含糊糊，喃喃自语，否则会给人你想隐瞒什么的印象。务必声音清晰，直截了当。

2. 陈述语言清楚简洁，条理清晰

不必过于自谦，但也不要带有自夸的语气。不管你对自己受过的教育感到骄傲还是自卑，都用平静的声音直述，并多强调你愿意多学，多努力。

你可以表达出对某项特殊工作的兴趣最好，并指出为什么自己特别适合这项工作。比如，你要干办事员或者秘书，就要强调自己的办事能力，会打字和使用电脑，文字功底较好等。

如有必要，向对方介绍自己以前的工作经验，特别是讲述自己从中学到了什么经验，包括社交能力、销售技巧和理财能力等。

及时把工作经历、成功案例等面试前准备好的材料呈给对方，必要的时候进行一些解释。

不要一开始就谈论报酬，而是当对方提出时才提出自己的要求。如果对方已答应录用但是又没有提到工资，你可以问自己这份工作的报酬。

3. 热情饱满，面带微笑，专心听对方说话并及时应答

无论遇到怎样的情况，都要给人以友好的笑脸，这是征服对方的有力武器。别故意装老练。不要想用说笑话来化解紧张，这会使对方反感。称对方为先生或女士，不要直呼其名。

不要天马行空乱谈一气。仔细听取提问、集中精力回答，否则，别人会认为你不能专心致志，或者缺乏听话技巧。

4. 约见结束时，不要忘记与对方握手并说"谢谢"

回来后立即写信表示感谢，并着重指出自己对这份工作和该公司很感兴趣。如果两个星期后还没有得到答复，可打电话询问是否已经录取他人，或者自己还在对方的考虑之中。如果这份工作已录用了别人，就请对方留意自己，以后有机会时再联系。

如何在竞聘中脱颖而出

当前就业市场的竞争十分激烈，除了少数社会急需、特别紧缺的人才外，如果还采用大众化的求职方法，有时很难获胜。以下办法不同一般，有时能出奇制胜。

1. 以柔克刚

求职，谁都想一次成功，但在大多数情况下并不能如此，因此，求职者就应有不怕失败的忍性。

松下电器创始人松下幸之助，年少时去一家大电器厂求职，请求安排一个工作最差、工资最低的活给他。人事部主管见他个头瘦小又很脏，不便直说，随便找了个推托的理由："现在不缺人，过一个月再来看看。"

一个月后，松下真的来了。人事部主管又推托有事，没空见他。

过了几天，松下又来了。如此反复多次，人事部负责人说："你这样脏兮兮的是进不了我们厂的。"于是松下回去借钱买了衣服，穿戴整齐地来了。对方没办法，便告诉松下："关于电器的知识你知道得太少，不能收。"

两个月后，松下又来了。

"我已学了不少电器方面的知识，您看哪个方面还有差距，我一项项来弥补。"松下说。人事部主管看了他半天才说："我干这项工作几十年了，今天头一次见到你这样来找工作的，真佩服你的耐心和忍性。"

松下终于打动了人事主管，如愿以偿地进了工厂，并经过不懈努力，成为日本国的经营之神。

2. 分步到位

香港特区行政长官董建华在用自己的成功经验勉励港人时说："如果今日能找到工作，先不要斤斤计较薪水高低，或者与以前的工作是否相差很远，因为你要先取得这个机会，然后多学点知识，充实自己，机会再来时，你便可以取得一个更好的职位。"

有着大专文凭和财务工作经验的小金，满以为在深圳可以找到一份公务员的工作或到大型企业去做一个会计。没想到整整1个多月的时间里，她踏遍了深圳、东莞也没能如愿。后来，她获得了一家韩国电子厂招清洁工的信息，便果断地放弃了原来的打算，去争得了这份工作。一幢7层的大楼，要把每一个角落都清扫得清清爽爽的，得头不抬、腰不直地做10来个小时才能完成，待遇却不高，不包吃住，月工资才600元。可是，小金一点也不轻视这份工作，每天抹布、拖把不离手，把大楼的每一个地方都擦得镜子似的干净。一天，总经理视察，注意到了她认真负责的态度，赞扬了她，她便趁机表述了自己以前的工作经历和心愿。后来，她成了这家公司的财务总监。

3. 直言相告

通常情况下，求职应试总是要说恭维话，以引起对方的好感而达到谋职的目的。但一味说好话也未必能打动人，有时发现对方有错误，直言相告，指出对方不足之处，且令对方口服心服，常常也能达到求职的目的。

南京大学天文学系一名女毕业生在参加宝洁公司主考官最后一轮面试时，大胆地指出宝洁公司的不足并列举国外的事例加以佐证，使对方不得不折服，结果她被首先选中。

这位大学生之所以能胜过别的求职者，不仅是因为真诚地运用了说话的技巧，由"贴金"转变为说不足，而且表明：①你已经在关心、研究该单位，并投身于该单位未来发展之路的探索了；②你想到这个单位来态度是认真的，目标是专一的，而不是抱着"进得了再说，进不了拉倒"的心态来随便试试看的。另外，你说得令人信服，还表明你研究之深、水平之高。这些都能帮助你获得求职的成功。但必须注意，直言相告必须态度诚恳，着眼于对方做得更好，具有建设性，具有可行性，且实事求是，说到点子上。

4. 坚持主见

求职应聘不附和、不随俗、不从众，是有主见的表现，也是胜过别的应聘者的长处。有一家公司招聘办事处人员，老总对每位通过初试者都说了这样一句话："如今像我们这样好条件的单位不多，你运气真好，已经跨进了一只脚。"

结果所有赞同此话的应聘者均被淘汰，只有一位持不同意见者反倒入选。她说："其实我并不觉得贵公司条件有多好，只是感到比较适合我的专业，而且觉得最后能不能入选，关键在实力而不在运气。"

老总对此大加赞赏，认为像这样有主见、敢于提出不同看法的表现，难能可贵。

5. 坦诚制胜

小王高考落榜后到南方的一个城市去打工。然而，几乎所有的招聘单位不是要求应聘人有大专以上的文凭，就是要求有专业职称，而他什么都没有。正当他一筹莫展时，朋友给他出了一个主意："搞张假大学文凭"，并给了他办假"大学毕业证"的地址。朋友的建议被他当场否定了，但在好奇心的驱使下，还是决定去看看。第二天，他途经一家工厂，看见厂门前围着一群人，原来这家工厂正在招聘仓库管理员。他看自己的条件都符合招聘栏上的要求，于是强压住内心的激动，挤上前去高高举起自己的证件——身份证和已经起皱的高中毕业证书。负责招聘的小姐把所有应聘人的证件都收了进去，过了一会儿，她又退出一叠证件来。原来那些毕业证书全是假的。结果他被选中面试了。

小王无疑是靠自己的诚实谋得了一份工作，假如他也弄一个假大学文凭，注定是要失去这次机会的。

一句话介绍让考官记住你

自我介绍是应聘面试的敲门砖。求职面试中的自我介绍，如同推销商品的广告一样，既要让人觉得这个商品好，又要让人觉得真实可信，可以接受。

许多求职者在面试中作自我介绍时，总是开门见山、单刀直入地大谈自己，如"我的名字叫×××，现在××单位工作。"这种介绍自己的方式极易引起对方的心理抵触。有的大学生喜欢作这样的自我介绍："我是学××专业的，到贵单位工作我专业对口，而且我对这项工作很感兴趣，到你们单位工作符合我的特长，也能够实现我的理想……"这容易给用人单位一种不那么理想的印象，觉得你为专业对口和兴趣才到我们单位来，原来你的目的和动机就是这个，结果往往会适得其反。如果求职者换一种方式这样说："我觉得你们单位力量雄厚，领导得力，上下一心，适于一切有才干的青年发展。"这样更能引起对方的好感。可见，自我介绍的语言方式，也是面试成功的关键。

如何做自我介绍，是面试中常遇到的问题。介绍自己一般包括以下几个方面的内容。

1. 个人信息

个人信息如姓名、年龄、性别、民族、籍贯、政治面貌、健康状况、工作或学习单位、家庭住址等。

2. 学历及工作经历介绍

学历如小学、初中、高中、大学、研究生学历等；工作经历包括在哪些单位做过什么工作，应按时间顺序排列，中间不应有空白时间，若有一段时间既未学习也未工作，如在家待业、养病，也应有所交代。

3. 职业情况

即将所从事工作的内容、时间、职务、业绩、效果、评价等一一说清楚。

4. 兴趣爱好、个人特征等其他介绍

凡不属以上三方面的内容而又有必要加以介绍的，都可分小项介绍，如家庭成员、与本人的关系、经济收入和住房情况等，也可专门介绍你的爱好和特长。另外，如果对求职有什么要求，也可以单项专门介绍。

除了介绍自己的基本情况外，还可以适当地将自己的能力和才干表现出来。

求职者总要想方设法把自己的能力和才干表现出来，让招聘者了解自己。然而，表达自己的能力和才干也是一门艺术，如果一味地平铺直叙，大讲特讲自己比他人如何如何好，恐怕会给人自吹自擂不谦虚的印象。所以，在说出自己的能力后应作些补充说明。例如，当你说了"朋友们都说我是个很好的管理者"之后，还要再补充说明，以支持这句话，你可以举例证明，或者简略介绍一下你的管理方法。另外，如果有条件的话，即使不补充，也可以让事实来说明问题。

有这样一个例子，一家公司在招聘考试时，发现一位应试者在校成绩不太好，主考者问道："你的成绩不太好，是不是不太用功？"应试者回答说："说实在话，有的课我认为脱离实际，所以我把时间全花在运动上了，身体特别好，还练就一身好功夫。"主考者很感兴趣，让他表演一下，应试者脱下衣服，一口气做了一百多个俯卧撑，使主考者大为吃惊，立即录用了他。

有时稍稍抬高自己也是必要的，只要说得合理就行。面谈者当然知道你不会"自道己短"，但别扯得太远，"吹嘘自己"时只要谈谈有关工作方面的内容即可，而且千万要记住要用具体例子来做支持。

比如说，你说"我和其他工作人员关系很好"时，别说到这里就停止了，

还要举一些具体事例来加以陈述，如"我总是和我的工作伙伴及属下有着相当融洽的关系，而且我也和从前每一位上司都成为好朋友。"此时应注意以下几点：

（1）多讲正面性的事。

（2）用事实说话。

（3）讲述的内容要集中体现在工作所需的资历上。

（4）逻辑清晰，简明扼要。

（5）主动让对方了解你的优点，从而录用你。

面试应答7绝技

察看应聘者的能力是面试单位面试时的一项重要内容，主要察看你是不是与材料中所评价的一样。察看能力通常从较为简短的问答中进行，因此，回答主考官提出的一些问题，可能就是考察你能力如何的时候，一定要充分表现出你的才智、学识来。

面试时，主考官时不时会针对应试者的心理，提一些较难回答的问题，来检测面试者的综合能力。这些问题有些一听就不好作答，有的看起来简单，实则危机四伏，一不小心就会使自己陷入困境。

下面是7种面试时巧妙应答的对策。

1. 有问必答

不管是什么问题，都要作出回答。这是最基本的原则，对于考官的问题，有的虽然刁钻，但可能是测试你的应变技巧、反应能力，不管你反应能力如何，总得有一个答案，如果拒绝或者说"这个问题很难回答……"那么，你获胜的机会可能不大了。

2. 引石攻玉

有些问题如果硬要回答会漏洞百出。比如，考官问你："如果把这个职位交给你，你有什么样的工作计划？"如果你有很熟练的相关工作经验和对这个单位状况的分析，也许能说出个一二三来。否则，你就回答："我只有在接手这个职位后，才能根据实际情况制定相应的工作计划。"这样会给考官留下不尚空谈、比较注重实际的稳重型人才的印象。

3. 不避实就虚

有些专业性很强的问题，如果你又确实不懂，就坦率承认，千万别说"我想想"，再怎么想也没有结果，只会给考官留下不懂装懂的印象，有时考官出这一类的问题纯粹是想验证一下你是否诚实，如果你坦率承认自己不懂，就正好通过了考官对你在这方面的测评。

4. 旁敲侧击

有些问题要想正面回答等于是否定自己，因此，要设法将可能否定自己的话，转化成肯定自己的话。例如，考官问你是否曾在食品厂工作过，然而你却只在酒厂工作过。如果你据实回答这个问题，答案只能是"没有"。你可以这样说："没在食品厂工作过。但我在酒厂工作多年，我认为酒厂与食品厂在某些工艺上有相似之处，而且企业管理应该是相通的。"这等于变否定为肯定的回答。

5. 大题小做

考官有时会问一些"很大"的题目，比如问"说说你自己"，至于说"你自己"什么，并没有限定，但他要的答案并不是事无巨细的你，因此，你必须"小"做，不要没选择、没目的地说起来。一般说来，"大"题"小"作的技巧是，围绕你应聘的职位来谈，以"说说你自己"为例，"小"在与应聘岗位相关的知识、技能、经验方面即可，考官如果有兴趣再了解你的其他情况，他会发问的。这样的问题往往出现在面试开始时，考官等于不出任何问题，而让你先打开话匣子，因此，你必须有意识地把话题拉到你的能力、性格优点、学识、经验等方面来，不能错过这样的好机会。

6. 反戈一击

有些问题太过刁钻，而且实在无法回答，不妨反戈一击，反问对方，也能起到意想不到的效果。例如：民国时期，某主考见一位朱姓考生知识渊博，思维敏捷，各类问题对答如流，突发异想，抛开原定题目，出了一道偏题："每次纪念大会上都要诵读《总理遗嘱》，请你回答一共多少字？"这下可真把朱某考住了。他暗想，主考出此题目未免脱离常规，既然有意刁难，录取必然无望，就不管一切，大胆反问："主考官的尊姓大名，天天目睹手写，也已烂熟，请问共有几笔？"主考官想不到应考者竟会如此反问，一时愣住。事后，主考官十分赏识朱某的才能和胆识，于是录用为县长。

7. 主动出击

如果考官问完了问题，又没立即结束谈话的意思，你可以礼貌地问一句："不知道我说清楚了没有！请问你还有什么需要我介绍的？"这样主考官会认为你是一个反应灵敏、主动性强的有心人，从而对你另眼相看，你成功的机会也就大一些了。

第11章

说对了事就成了，好口才让你求人办事步步顺

    在如今人脉圈子遍天下的时代，万事不求人显然行不通了。要求人办事，就离不开说话。如何明确地说出自己的内心需求，如何求人不碰钉子、办事不碰壁，就要掌握一套灵活的说话办事的方法和技巧，才能让你的人际交往如鱼得水，万事顺利。

请人办事的话术讲究

生活中我们经常遇到这样的情形，同样一件事，同样身份的人，甲去请人办理顺顺利利、妥妥当当，乙去请人办则困难重重，事情也弄得一塌糊涂。为什么这样呢？有人说这是人的因素；有人说这是办事技巧问题。其实这两种因素都不能排除，请人办事是社交中非常重要的一环，它综合了一个人的综合素质，包含了许多做人做事的艺术，其中有很多讲究。

1. 要注意礼貌

请求别人办事，无论大事还是小事，都要注重一个"请"字，不要认为是别人"理所当然"的事。如果对人开口称"喂"，闭口称"喂"，那非碰壁不可。另外，对别人的帮助表示感谢应该说得真诚。如你请朋友帮忙找到了一本早想要的书，你可以这样说："谢谢了，没有你的帮助，我恐怕不能这么快看到它。"

2. 要注意方式

如果不是紧急的事，最好是在别人愉快或空闲时提出；当别人情绪不佳或事务繁忙的时候，最好不要打扰别人，因为此时的请求效果可能适得其反。另外，在请求方式上，说话要婉转，给对方充足的时间，不要催促过紧，以免使对方左右为难。

3. 要注意场合

请求别人帮助解决某些问题，要根据问题的性质，该上门拜访的不要到对方单位询问；该个别交谈的不要影响家人；该借助书信请教的不要电话联系。

要尽量体谅对方的难处，特别是自己曾帮助过对方的，更不能有意无意给对方施加心理压力，以免使对方感到为难和尴尬，影响帮你办事的积极性。

4. 要注意原则

当你请求别人帮助解决某些问题时，对你本人来说可能是正常的，但对别人来说，由于工作性质和部门不同很可能有"开后门"之嫌。在这种情况下，要全面考虑，掌握求人办事的原则，以免给别人增加负担，影响别人正常的工作，造成不良的后果。

5. 要注意真诚

请求别人帮助的事，要真实地向对方讲清楚办事的目的，不能有意把事情的难度缩小，更不能掩盖事情的真面目，使对方只知其一不知其二。这是对朋友不信任和自己不诚实的表现。

没话找话，借事生题

与人交谈中，找话题如同写文章一样，有了一个好题目，往往会文思泉涌，一挥而就。请人办事，因目的性太强，往往会出现没话说的尴尬场面。此时，若能迅速找一个能与对方进行良好沟通的话题，无疑便有了一个成功的开端。那么，怎样找到能够使双方或多方顺利畅谈的话题呢？不妨从以下几个方面着手。

1. 面对众多的陌生人，要选择众人关心的事件为话题，把话题对准大众的兴奋中心

这类话题是大家想谈、爱谈、能谈的，人人有话，自然就说个不停，以致

引起许多人的议论和发言，导致"语花"飞溅。

2. 巧妙地借用彼时、彼地、彼人的某些材料为题，借此引发交谈

有人善于借助对方的姓名、籍贯、年龄、服饰、居室等，即兴引出话题，常常取得好的效果。"即兴引入"法的优点是灵活自然，就地取材，其关键是要思维敏捷，能作由此及彼的联想。

3. 先提一些"投石"式的问题，在略有了解后再有目的地交谈，便能谈得略为自如

如在聚会时见到陌生的邻座，便可先"投石"询问："你和主人是老乡呢还是老同学？"无论问话的前半句对，还是后半句对，都可循着对的一方面谈下去；如果问得都不对，对方回答说是"老同事"，那也可谈下去了。

4. 问明陌生人的兴趣，然后投其所好顺利地进入话题

如对方喜爱象棋，便可以此为话题，谈下棋的情趣，车、马、炮的运用等。如果你对下棋略通一二，那肯定谈得投机；如果你对下棋不太了解，那也正是个学习机会，可静心倾听，适时提问，借此大开眼界。

引发话题方法很多，诸如"借事生题"法、"即景出题"法、"由情入题"法等。可巧妙地从某事、某景、某种情感，引发一番议论。引发话题，类似"抽线头""插路标"，重点在引，目的在导出对方的话题。

对症下药，因人而异

通过对手显示出来的态度及姿态，了解他的心理，有效地捕捉他所发出的各种信息，分析研究，然后对症下药，可起到事半功倍的效果。

例如，对方抱着胳膊，表示在思考问题；抱着头，表明一筹莫展；低头走路，步履沉重，说明心灰气馁；昂首挺胸，高声交谈，是自信的流露；女性一言不发，揉搓手帕，说明她心中有话，却不知从何说起；真正自信而有实力的人，会探身谦虚地听取别人讲话；抖动双腿常常是内心不安、苦思对策的举动；若是轻微颤动，就可能是心情悠闲的表现。

当然，对请托对象的了解，不能停留在静观默察上，还应主动侦察，采用一定的侦察对策，去激发对方的情绪，才能够迅速、准确地把握对方的思想脉络和动态，从而顺其思路进行引导。

针对不同的办事对象谈话或请托应考虑以下几个方面。

1. 年龄差异

对年轻人宜采用鼓动性的语言；对中年人应讲明利害，供他们斟酌；对老年人应以商量的口吻，尽量表示尊重的态度。

2. 性别差异

男性需要采取较强有力的劝说语言；女性则可以温和一些。

3. 地域差异

生活在不同地域的人，所采用的劝说方式也应有所差别。如对我国北方人，可采用粗犷的态度；对南方人，则应细腻一些。

4. 性格差异

若对方性格豪爽，便可单刀直入；若对方性格优柔，则要"慢工出细活"；若对方生性多疑，切忌处处表白，应不动声色，使其疑惑自消等等。

5. 职业差异

要运用与对方所掌握的专业知识关联较紧密的语言与之交谈，对方对你的信任感就会大大增强。

6. 文化差异

一般来说，对文化程度低的人所采用的方法应简单明确，多使用一些具体数字和例子；对于文化程度高的人，则可采用抽象说理方法。

7. 兴趣差异

凡是有兴趣爱好的人，当你谈起有关他的爱好这方面的事情时，对方都会兴致盎然。同时，对你无形中也会产生好感，为你办事成功打下良好的基础。

软磨硬泡，巧施压力

有些人脸皮太薄，自尊心太强，经不住人家首次拒绝的打击。只要前进一受阻，他们就脸红，感到羞辱气恼，要么与人争吵闹崩，要么拂袖而去，再不回头。

看起来这种人很有几分"骨气"，其实这种过分脆弱的自尊，导致他们只顾面子而不想千方百计达到目的，这样于事业无益。

因此，我们在求人时，既要有自尊，又不要过分自尊。为了达到交际目的，有时脸皮不妨厚一点，碰个钉子，脸不红，心不跳，不气不恼，照样微笑与人周旋，只要还有一丝希望就要全力争取，"软磨硬泡"。

"软磨硬泡"是一种特殊的求人术。它能以消极的形式争取积极的效果，可以表现自己不达目的不罢休的决心和毅力，给对方施加压力，也可以增加接触机会，更充分地表明自己的态度、思想和感情，以影响对方的态度，实现求人的成功。这种战术看似简单，里面的学问却不小，主要表现在以下几个方面。

1. 足够的耐心是"软磨硬泡"的前提和基础

当交际受阻出现僵局时，人们的直接反应通常是烦躁、失意、恼火甚至发怒，然而，这无助于事情的解决。你应理性地控制自己，采取忍耐的态度。

一方面，忍耐所表现的是对对方处境的理解，是对转机到来的期待和对求人成功的自信。有了这种心境，你就能在精神上使自己处于强有力的地位，能够方寸不乱，调动自己全部的聪明才智，想方设法去突破僵局。即使消耗一定的时间也在所不惜。

另一方面，"软磨硬泡"消耗的是时间，而时间恰恰是一种武器。时间对谁都是宝贵的，人们最耗不起的是时间。所以，如果你以足够的耐心，摆出一副"打持久战"的架势与对方对垒时，便会对对方的心理产生震慑。以"泡"对"拖"，足以促其改变初衷，加快办事速度。所以，你要沉住气，耐心地牺牲一点时间，反而可以争取到更多的时间。

2. "软磨硬泡"不仅要能"泡"，还要会"泡"

换言之，"泡"，不是消极地耗时间，也不是硬和人家耍无赖，而是要善于采取积极的行动影响对方、感化对方，促进事态向好的方向转化。

俗话说："人心都是肉长的。"不管双方认识上的差距有多大，只要你善于用行动证明你的诚意，就会促使对方去思索，进而理解你的苦心，从固执的框子里跳出来，那时你就将"泡"出希望。

3. "软磨硬泡"中要适时巧言攻心

有时候你去求人，对方推着不办，并不是不想办，而是有实际困难，或心有所疑。这时，你若仅仅靠行动去"泡"，很难奏效，甚至会把对方"泡"火了，缠烦了，更不利于办事。

如遇这种情形，嘴巴上的功夫就显得十分重要了。要善解人意，抓住问题的症结，巧用语言攻心。

话是开心的钥匙。当你把话说到点子上时，就会敲开对方心灵的大门。那么你的"软磨硬泡"也就真正起到作用了。

221

怎样利用身边的关系

1. 领导关系

俗话说，"有了关系好办事"，"朝中有人好做官"。

依靠关系办事已经在中国上下达成了共识。关系是一种感情的凝聚和利益的融通。有了关系也就有了路子，有了利益，有了各种随时可以兑现的希望。所以，不但寻常百姓重关系，达官显贵也重关系；不但下级重关系，上级也同样重关系。一旦哪一个环节的关系结了扣子，出了问题，便很可能会影响到他的切身利益甚至仕途前程。

因此，依靠关系办事是一种非常有效的途径。特别是下级找上级办事，必要时更要攀附一下关系，最好进入其人情关系网中，那么你的事就好办了。任何一位上级都有自己的人情关系网。这个"网"的形成与他的身世和人生经历有着直接的关系。要想与他攀附关系，必须先暗地里多留心和注意他的身世和社会关系网，包括他的同乡关系、亲属关系、朋友关系、同学关系、上下级关系等。掌握了这些关系之后，鉴于直接与某上级建立关系多有不便，则可曲线救国、另辟蹊径，使可以借助这些关系的力量能压住上级的面子，使上级碍于某些关系或面子不能拒绝，不便拒绝，以达到你办事的目的。当然，这些都必须建立在不损人利己、不损公利私和对社会、个人有益的基础上，否则将最终受到道德和法律的审判。

2. 同事关系

同事关系是办事儿最直接、最方便利用的关系。

现代社会中，同事之间同舟共济，特别因为在一起共事，友谊会自然而然地产生。一个人在家与家人相处的时间和在单位与同事相处的时间几乎差不多，如果在办事儿时，不会利用同事关系，不但有些事儿办起来费劲，还容易让人觉得你没有人缘。

每个人在单位都有表现自己的欲望，求同事办事儿就等于为他提供了一次表现个人能力的机会，即便遇到困难也得办，即便有时担心领导不满也得办，以此在同事中维护自己急公好义的形象，同事的事儿和单位的事儿一样，每个人都会感到自己有一份责任和义务。因此，找同事办事儿不用有任何顾虑，该张嘴时就张嘴。

3. 同学关系

姚崇是唐玄宗时期有名的宰相，权倾朝野。在姚崇的同窗之中，有一人深得姚崇的敬佩，那是在姚崇高中秀才后，与他同拜在一位老师门下继续深造，以期将来能考中进士，光宗耀祖的秀才张宗全。

一次，老师要姚崇与张宗全就某个题目写一篇文章，两天之后他要考核。这两位学生都精心做了准备，将自认为写得最好的一篇交了上来。事有凑巧，姚崇与张宗全所写的内容几乎完全一样，且观点也相当一致，这如何不使老师为之恼火？没想到自己门下两位最得意的门生敢剽窃他人作品，这如何了得？

看到这种情况，姚崇据理力争，声明文章绝非剽窃。而张宗全作品也非剽窃他人，但为了平息老师的怒火，就对老师说："这实属学生不该，前两天与姚崇兄弟论及此题，姚兄高谈阔论，学生深感佩服，遂引以为论。"

老师听到这番话，也知错怪了两位学生，就平息了心中怒火。事后姚崇心里为此深感佩服，为张宗全的广阔胸襟所感动。姚崇当了宰相以后，遂向唐玄宗推荐此人，唐玄宗在亲自考核张宗全的才华之后，深以为信，便封了他一个正三品官衔，专职外藩事务。

同窗之情如同手足，在某种程度上犹胜于手足之情。办事儿最实在、最得力的要属同学关系。

同学关系是非常纯洁的，有可能发展为长久、牢固的友谊。因为在学生时代，年轻单纯，热情奔放，对人生和未来充满浪漫的理想，而这种理想往往是同学们共同追求的目标。曾几何时，彼此在一起热烈地争论和探讨，每个人的内心世界都袒露在别人面前。加之同学之间朝夕相处，彼此间对对方的性格、脾气、爱好、兴趣等能够深入了解。

即便你在学生时期不太引人注目，交往的范围也很有限，你也大可不必受限于昔日的经验，而使想法变得消极。因为，每个人踏入社会后，所接受的磨炼均是百般不同的，绝大多数的人会受到洗礼，而变得相当注意人际关系的重要性。因此，即使与完全陌生的人来往，通常也能相处得很好。由于这种缘故，再加上曾经拥有的同学关系，你可以完全重新展开人际关系的塑造。换言之，不要拘泥于学生时期的自己，而要以目前的身份来展开交往。谁没有几位昔日的同窗，说不定你的音容笑貌还存留在他们的记忆中，千万不要把这种宝贵的人际关系资源白白浪费掉。从现在开始，你就要努力地去开发、建设和使用这种关系。

有效地与对方接近

1. 投其所好，缩短沟通距离

初次见面的人，如果能用心了解与利用对方的兴趣爱好，就能缩短双方的距离，而且给对方更深的好感。例如，和中老年人谈健康长寿，和少妇谈孩子、减肥以及大家共同关心的宠物等，即使对自己不太了解的人，也可以谈谈新闻、书籍等话题。

2. 说话平实，更受欢迎

著名作家丁·马菲说过："尽量不说意义深远及新奇的话语，而以身旁的琐事为话题做开端，是促进人际关系成功的钥匙。"一味用令人咋舌与吃惊的话，容易使人产生华而不实、锋芒毕露的感觉。受人爱戴与信赖的人，大多并不属于才情焕发、以惊人之语博得他人喜爱的人。尤其对于一个初识者，最好不要刻意显出自己的显赫，宁可让对方认为你是个善良的普通人。因为一开始你就不能与他人处于同等的基础上，对方很难对你产生好感。如果你摆出一副高人一等的样子，别人也会用同样的态度对待你。

3. 多肯定对方，避免否定的语言

初次见面是建立良好人际关系的重要时期，在这种场合，对方往往不能冷静地听取意见、建议并加以判断，而且容易产生反感。同时，初见面的对象有时也会恐惧他人提出细微的问题来否定其观点，因此，初见面应当尽量避免有否定对方的行为出现，这样才能形成紧密的人际关系。当然，这并不是让你不提相反意见。你应尽可能地避免当着他的面提出，或者可以借用一般人的看法以及引用当时不在场的第三者的看法，这样就不会引发对方反射性的反驳，还能够使对方接受并对你产生良好印象。

4. 察言观色，注意细节

在初次见面的场合，如果有一方想结束话题，往往会有看手表等对方不易察觉的无意识动作。因此，当你看到交谈的对方突然焦躁地看着手表，或者望着天空询问现在的时刻，就应该及早结束话题，让对方明了你不是一个毫无头脑的人。你清楚并尊重他的想法，必能留给对方一个美好的印象。

5. 适时评价，表达见解

心理学家认为，人是这样一种动物，他们往往不满足自己的现状，然而又无法加以改变，因此，只能各自持有一种幻想中的形象或期待中的盼望。

他们在人际交往中，非常希望他人对自己的评价是好的，比如胖人希望看起来瘦一些，老人愿意显得年轻些，急欲提拔的人期待实现的一天。

6. 引导对方谈得意之事，让关系更加融洽

任何人都有自鸣得意的事情。但是，再得意、再自傲的事情，如果没有他人的询问，自己说起来也无兴致。因此，你若能恰到好处地提出一些问题，定使他欣喜，并敞开心扉畅所欲言，你与他的关系也会融洽起来。

7. 以笑声打动对方，让沟通氛围更轻松

做个忠实的听众，适时地反映情绪，可以使对方摈弃陌生感、紧张感，从而发现自己的长处。尤其要发挥笑的作用，即使对方说的笑话并不很好笑，也应以笑声支援，产生的效果或许会令你大吃一惊，因为，双方同时笑起来，无形之中产生了亲密友人一样的气氛。

8. 多说贴心话关心对方

适时地表现出自己关心对方，必然能赢得对方的好感。在招待他人或是主动邀请他人见面时，事先应该多少搜集对方的资料。这不仅是一种礼貌，而且可以满足他人的自尊，使他感受到你的诚意和热忱。记住对方说过的话，事后再提出来当话题，也是表示关心的做法之一。尤其是兴趣、嗜好、梦想等，对对方来说，是最重要、最有趣的事情，一旦提出来做话题，对方一定觉得愉快。

9. 先征求对方的意见是尊重对方的表现

不论做任何事情，事先征求对方的意见，都是尊重对方的表现。在处理某一件事中，身份最高的人握有当时的选择权，将选择权让给对方，也就是尊重对

方。而且，不论是谁，都希望得到他人的尊重，决不会因此不高兴或不耐烦。

10. 记住对方"特别的日子"，给人以惊喜

当你得知对方的结婚纪念日、生日时，要一一记下来，到了那天，打电话以示祝贺，虽然只是一个电话，给予对方的印象却很强烈。尤其是本人都常忘记的纪念日，一旦由他人提起，心中的喜悦是难以形容的。

11. 亲切地直呼对方的名字

我们都习惯在比较亲密的人之间直呼其名，所以，直呼对方的名字，可以缩短心理距离，获得意想不到的效果。

"强取豪夺"，表达决心

"强取豪夺"即给对方以泰山压顶的气势，表明你的用心、决心和信心。使对方在你的强硬气势下，知晓你的实力和果敢以及雷厉风行的办事风格，从而与你达成某种共识。这种办事方法，最好在双方利益均衡的情况下施行。否则，运用不好，便会弄巧成拙。

著名的松下公司亟须一笔项目的建设资金1.95万元。但当时的松下公司还处于起步阶段，资金也不雄厚，当时公司的账面上仅仅有 5 千元，也就是说尚有1.5万元的缺额。怎么办？这时的松下公司只能向银行贷款。

松下和平常有联系的银行负责人见面，说明公司的项目，要求贷款1.5万元。银行经理详细询问了整个项目的细节，决定和总行协商后再作出答复。三天以后，总行答复来了：同意贷款，但这种贷款不是无担保的形式，而是要求松下以土地、建筑物乃至松下的信誉来做担保。

尽管贷款有了着落，但却不是松下所希望的那种方式。对银行方面的做法，松下心中不那么满意：以松下的"信誉"做担保，让人总觉得不那么舒服，如果在投资上真的遇到风险，那么把松下的"信誉"赌了出去，那松下公司将如何发展呢？在松下看来，信誉是无价的。松下考虑，最理想的结果应该是无担保贷款。既然现在的结果不理想，那就应该凭着一种执著和自信，继续向银行提出新的请求。于是松下向银行方面提出了松下公司的想法："对贵行的决定，我表示衷心感激。但如果以不动产做担保，恐怕会影响到企业的形象，不仅对公司不利，将来对贵行可能也会有所影响。所以，我冒昧地请求，贵行是否可以提供无担保贷款？"

银行方面显得有些犹豫不决。松下接着说："偿还贷款，给我们公司2年时间就足够了，请放心。我厂的土地权利书和建筑物权利书，都可以交由贵行保存。我很希望贵行能给松下公司一次机会。"

经过松下的耐心说服，银行方面终于同意了松下的请求，答应再和总行联络一次。两三天以后，银行通知松下，决定对松下公司提供无担保贷款1.5万元。

有时候，说服本来是可以取得更好效果的，但因为说服人认为已经达到了说服的目的，早早地放弃了说服，使得本来有可能更有利的局势毁于一旦。

所以，像故事中的松下公司那样，办事要记住，不到最后的时刻，永远不要放弃你的说服目标。就是达不到目的，那么你也不会有新的损失，你仍然会取得你已经取得的说服成果。

第12章

好生意谈出来：怎样说客户才会听才会买

　　好口才是商战双赢必备的能力和素质。从销售的角度来看，商品的外观、包装固然重要，但把商品成功地介绍和推广出去才是目的。销售口才是一件有力的武器，作为销售人员，要做到说得比唱得还好听，这样才能促使交易的成功。

好口才助你打开销售局面

相信几乎每一个销售员都曾经遭遇过客户的冷遇，吃过闭门羹，特别是在对客户进行陌生拜访时就更是如此。而客户之所以冷淡销售人员，大多是出于他们的疑虑和反感——有的是对销售人员的疑虑和反感，有的是对产品的疑虑和反感。如何消除客户的冷淡和反感，是决定销售工作能够顺利进行的一个关键。这时，如果销售员拥有杰出的口才，就有助于消除客户的疑虑，促进交易的成功。

弗兰克是美国最著名的保险推销员，在一次对陌生客户的拜访中，他就是采用这种赞美的方式，使一位对推销员极其反感的先生改变了对他的看法，而且后来他们还成为了好朋友。

吉姆是个大忙人，有许多保险推销员都想接近他，向他推销人寿保险，但是由于他对推销员非常反感，总是不给他们好脸色看，所以很多人最终都是碰壁而归。当弗兰克第一次前去拜访他时，也遇到了同样的冷遇，但是最终他居然取得了成功。下面就是他们见面时的谈话，请注意他是如何获得吉姆先生的冷遇的。

弗兰克："吉姆先生您好，我是保险公司的推销员弗兰克，您认识沃克先生吗?就是他介绍我来的。"

话毕，弗兰克把沃克先生亲笔签名的名片递给了吉姆。

吉姆看上去同样是满脸的冰霜，他瞥了一眼那张名片，扔在桌子上，嘟囔着说："又是一个推销员。"

弗兰克说："是的……"

在他还没有来得及进一步说明情况时，吉姆就已经打断了他："你已经是今天第10个推销员了。我还有很多事情要做，不能花时间听你们这些推销员的话，不要再做无用功了，我没有时间。"

弗兰克："我只打扰您一会儿，请允许我做个自我介绍吧。我这次来，只是想和您约一下明天的时间，如果不行的话，再晚些时候也行。您看是上午还是下午?我只需要20分钟就够了。"

吉姆："我已经说过了，我根本没有时间。"

弗兰克用了整整1分钟，仔细地看着放在地板上的产品，问道："您的工厂生产这些东西吗?"

吉姆："是的。"

弗兰克："您从事这一行有多长时间了?"

吉姆："哦，有二十多年了。"

弗兰克："您是如何开始干这一行的?"

吉姆仰身靠在椅背上，态度突然变得亲切地说："这说起来话就长了。我17岁那年就到一家工厂打工，在那里没日没夜地干了10年。后来，我就开了现在这家公司。"

弗兰克："您是当地出生的吗?"

吉姆："不，我出生在瑞士。"

弗兰克："那您肯定是在年龄很小时出就来了?"

吉姆："是的，我离开家时只有14岁，曾在德国待了一段时间。后来，我才来到美国的。"

弗兰克："那您肯定是带了大笔的资金，来这儿开拓事业的。"

吉姆微笑着说："我是从300美元起家的。干到现在，已经有了300万美元。"

弗兰克："看看您这些产品的生产过程，肯定是很有意思的事。"

吉姆站起身来，走到弗兰克身边说："不错!我们的确为自己的产品感到骄傲。我相信，这些产品在市场上是最好的。你愿不愿意去工厂，看看这些东西是怎么生产出来的?"

弗兰克："如果您愿意的话，我真的很高兴。"

然后，吉姆先生像老朋友一样将手搭在弗兰克肩膀上，一起去参观工厂……

就是这样，弗兰克在第一次和吉姆先生见面时，并没有向他卖出任何保险，而是对他的事业表现出极大的兴趣，并对他的创业经历给予了真诚的赞美，从而为双方的沟通打开了局面，并由此赢得了吉姆先生的好感与信任。从那以后的十几年里，弗兰克向吉姆先生卖出了将近20份保险，还向他的儿子们卖出了6份。弗兰克不仅赚了不少钱，还和吉姆成了好朋友。

会说话盘活生意，不会说话赶跑生意

生意人要会说才能赚大钱。有一张"会唱歌的嘴"，当然，这并不是去欺蒙消费者，而是要巧妙地利用语言魅力与他们打交道。销售口才的好坏与得当与否，在很大程度上左右着生意的成败。

随着市场上商品的越来越丰富，竞争越来越激烈，人们购买商品时也变得越来越理智，说服他们去购买产品的难度也越来越大。严峻的市场现实对各大商家来说，不仅仅只是一种挑战，而且更是一种机遇。

销售是一项极具挑战性的工作，它要求商家要根据市场的变化及消费者心理的变化，不断地对自己的销售策略与沟通技巧进行优化调整。现在的消费者正变得越来越理智，他们不会轻易地掏出自己的钱包，但是如果能够在销售用语上多花费一些心思，有时确实能够起到意想不到的效果，能够将"一盘死棋"彻底盘活。

一对老夫妇准备卖掉他们的房子，他们委托一家房地产经纪公司承销。这家经纪公司为这栋房子在报纸上刊登了一个广告，广告的内容很简短："出售住宅一套，有6个房间，壁炉、车库、浴室一应俱全，交通十分方便。"

但是，广告刊出一个多月后仍然无人问津。无奈之下，那对老夫妇只好又登了一次广告，这次他们亲自撰写了广告词："住在这所房里，我们感到非常幸福。只是由于两个卧室不够用，我们才决定搬家。如果您喜欢在春天呼吸湿润新鲜的空气，如果您喜欢夏天庭院里绿树成荫，如果您喜欢在秋天一边欣赏音乐一边透过宽敞的落地窗极目远眺，如果您喜欢在冬天的傍晚全家人守着温暖的壁炉喝咖啡，那么请您购买我们这所房子，我们也只想把房子卖给这样的人。"结果，这则广告刊出还不到一个星期，房子就卖出去了。

这对老夫妇最终成功地推销了他们的老房子，发生这种逆转的关键在于他们那更富煽动性、更具吸引力的销售广告语言。因为，他们的推销语言中不仅含有商品的信息，同时也运用了更具艺术性的语言将相关信息表述得更加新颖，更有针对性，从而增强信息刺激的力度，加速了买方将购买意图转化为购买行为的进程。

无数的成功销售实践一再证明，好口才是促使生意成功的一个关键前提。它完全能够使已经陷入僵局的销售工作取得重大突破。

会说话能起到柳暗花明又一村的神奇作用，不会说话只能让消费者大失所望，丢掉生意。那么，作为卖方的商家，怎样才能让你的语言动听起来，博得买方的欣喜呢？

1. 边考虑对方的立场边选择你所要讲的话

语言可以沟通人们之间的想法，也能伤害对方的自尊心，说话的一方或许觉得无所谓，但是，往往因自己用词不当而伤害了对方的自尊心，使双方关系恶化。

说话之前，一定要做好应对的准备，问自己："我要怎么说才能不伤害对方的自尊心呢？"学会考虑对方的处境，不要有站在自己的立场上信口开河的坏习惯。

2. 不要伤害对方的自尊心

商家要和各种各样的人打交道，有的很任性，有的性子急，有的爱发脾气，有的说话带口头禅，说话不注意就无法和所有的人谈得来，弄不好还会遭到对方的"白眼"，有的是还没进入商谈阶段就已被对方拒绝了。因此，不管在什么场合都不能允许自己失言或失态。在商谈时，一定要选择用语。要用通俗易懂、诚实且令人感到亲切的语言，只有这样才能取得成功。

3. 多用些积极的措辞

不同的措辞传达着不同的信息，对词汇选择的同时也往往表明对消费者和产品的态度。商家要尽量使用积极的措辞，比如"贵公司"、"质量"、"服务"、"优秀"、"价值"、"省钱"、"经济耐用"、"有用的"、"安全"、"新颖"、"帮助"、"技术支援"、"建议"等积极的词语。相反，要尽量避免以下消极措辞的出现，如"困难"、"复杂化"、"未经验证的"、"实验阶段的"、"麻烦的"、"有问题的"，等等。

多说表达正面意思的话语，比如"很抱歉，让您久等了。""非常感谢您的耐心等待。"同样，应该避免这样的表达："我将对您完全诚实。"这样说就隐含着你可能并不总是诚实的意思。

4. 注意语序、修饰语

"您是维修部的负责人吗？"

234

"维修部是您负责吗？"

乍一看这两句话没什么太大的差异，只是在词语的顺序上有些不同而已。但就是语序这一细微的变化给人的感觉变得不一样了。第二句比第一句让人感觉更舒服一些。所以，调整一下言语的次序，换种措辞，用积极的方式来表达的话，可能就是另一种效果了。

委婉的否定听上去会更容易被接受。当买方要求订货，而恰巧他要的那种型号没有了。有以下两种回答方法：

"由于需求旺盛，我们暂时没货了。"

"问题是那种型号的产品都卖完了。"

显然，前一种较为委婉的回答，比后一种回答效果要好得多。

拥有推销员一样的铁嘴

推销的过程，实际上是推销人员运用各种推销技巧，说服顾客购买其商品或劳务的过程。俗话说："十分生意七分谈。"谈生意主要是一个"谈"字，"谈"就是口才交际过程。下面就介绍几种推销口才技法。

1. "诱"的技巧

一般来说，推销员推销商品，是在短时间内完成的。在短短几分钟里，你的话能留得住顾客并打动他的心，生意就成交了；留不住，一笔买卖就吹了。此外，在市场竞争中，突出自己，把顾客吸引到自己的身边，也需要与众不同的鲜明的语言。所以，推销人员的话具有强烈的诱惑性和渲染色彩。例如：在集市上，商贩早晨高声叫卖"新鲜活鱼，两元一斤"，极力突出"新鲜"二字。下午则变成"快来买呀！一元钱两斤"，这是突出便宜的信息。

2. "激"的技巧

当客户产生购买商品的欲望，但又犹豫不决的时候，销售人员要适当使用"激"的技巧，激发对方的好胜心理，促其迅速作出决断，但要把握好"激"的火候。

3. "比"的技巧

俗话说："不怕不识货，就怕货比货。"在推销的时候，销售人员带来合适的同类产品进行对比，让客户在对比中产生差别感觉，这样就会增加你的说服力。但在比的过程中要以事实为依据，不能言过其实。

4. "问"的技巧

在推销的过程中，有的顾客会不假思索地拒绝推销，因此，"推销是从拒绝开始的"这话半点不假。遇到这种情况，推销员不应"退避三舍"，而应"迎难而上"，这时，巧妙设问是关键。提问可以消除双方的强迫感，缓和商谈气氛，摸清对方底牌；可以确定推销过程进行的程度；可以了解顾客的障碍所在，寻找应对措施；可以留有情面地反驳不同意见……提问是推销应对口才最有力的手段，一定要熟练掌握、运用。

5. "演"的技巧

有的问题如果仅凭三寸之舌还难以让顾客明白，那就要采用实物、图片、模型等来加以说明和演示。小的商品可以随身携带，在顾客面前充分展示。而大的商品，如电器、汽车、机床等，或抽象的商品，如证券、劳务、服务等，因无法随身携带，需要将其好处具体化、形象化。必要时请顾客亲临现场，将商品的功能、特点、使用方式逐一演示，充分展现商品的魅力，这比言辞说明更有吸引力和说服力。例如，一位推销员走进客户的办公室，向主人打招呼以后，指着一块粘满油渍污垢的玻璃，有礼貌地说："请允许我用带来的清洁剂擦一下。"结果，由于不用水就毫不费力地把玻璃擦得干干净净，从而引起了客户的兴趣，于是生意便很快做成了。

6. "贴"的技巧

有人说，一句贴心话，招来万户客。这话十分有道理。

在推销商品中，一句贴心话，会使顾客全"忘记"你是推销员，而把你当成他们的知心朋友；一句贴心话，可以缩小你与顾客之间的距离，使顾客对你言听计从。这样，既为产品打开了销路，又交了朋友，帮助了顾客，最终也帮助了自己。

专业话并非程式化和职业腔

优秀的销售人员和失败的销售人员有一个明显的区别：优秀的销售人员看起来是自然而然的，而失败的销售人员却很难从端着的职业架子中跳出来。所以，避免程式化和职业腔调是销售人员成长中的最大难题。

很多销售人员往往会认为做什么就得像什么，做销售人员就得有销售人员的样子，说话做事一定要像个职业人士。他们对客户总是客气地称"先生、女士"，而不知道亲切地称呼他们"王经理、李老师"。

职业腔调会使部分客户感到十分不舒服、不自然，对于销售人员来说，是十分不好的。程式化是指销售人员不能自然行事。

一位办公大楼的采购员想要采购大批的办公用品，向一个营销信件分报箱的营销员介绍了相关情况，并对信箱提出一些要求，营销员听后考虑片刻，便认定采购员最需要他们的CSI。

"什么是CSI？"采购员问。

"怎么？"营销员以凝滞的语调回答，内中还夹着几分悲叹，"这就是你们所需要的信箱。"

"它是纸板做的、金属做的，还是木头做的？"采购员探问。

"噢，如果你们想用金属的，那就需要我们的FDX了，也可以为每一个FDX配上两个NCO。"

"我们有些打印件的信封会相当的长。"采购员说明。

"那样的话，你们便需要用配有两个NCO的FDX转发普通信件，而用配有RIP的PⅡ转发打印件。"

"小伙子，你的话让我听起来十分荒唐。我要买的是办公用品，不是字母。如果你说的是希腊语、亚美尼亚语或汉语，我们的翻译或许还能听出点道道，弄清楚你们产品的材料、规格、使用方法、容量、颜色和价格。"采购员几乎愤怒了。

"哦，"他开口说道，"我说的都是我们的产品序号。"

对于推销员来说，首先要明确一点，那就是来购买商品的顾客不都是行家。真正的行家来购买你的商品，可能根本不需要你的介绍，而那些需要你介绍的顾客大部分都是门外汉。这时，你能否将专业的语言向顾客表达清楚是取得顾客信任的一个关键因素。

首先，专业话要通俗易懂，多使用他人能理解的语汇。

其次，多使用描绘性的语言，少使用抽象的概念。

再次，多使用听起来令人愉快舒服的语汇。

总之，将专业话说得清楚，让每一位顾客都能听得懂，这是推销员必须要做到的。

换个说法，给客户提供"实惠"

碰壁是常有的事，有的时候因为人家根本不需要，有的时候人家可以有很多选择。这时候，如果能换一种切入角度，寻找打动对方的关键，加以言辞的妥当修饰，定会柳暗花明。

希尔广告公司的斯通先生到一家具商场去推销一项计划，一张口就吃了"闭门羹"。商场经理拒绝参加，使斯通先生十分尴尬，但斯通先生只是笑笑，说："无妨，那我就当您的一个顾客吧。"经理对此不能不表示欢迎。看过商品之后，斯通先生指着一种优质进口床垫问商场经理销路如何，经理不由叹道："一般顾客对一种新品牌总有个认识过程。"斯通先生给他出了个"点子"：在楼梯口放张床垫，再在旁边迎门立一块告示牌，上书："踩断一根簧，送您一张床。"经理将信将疑地照办了。结果，顾客进店先蹦床成为该商场的一道风景，人们闻讯而至，争相蹦踏，笑声不息，接下来的经济效益可想而知了。后来，商场经理专门宴请斯通先生并主动表示愿意加入那项营销计划。

因碍于某种情面，当我们给予对方一定物质的实惠时，说得太过于直接就有伤大雅，有时会使对方感到尴尬，甚至因厌烦而回绝我们。所以，在提供"实惠"时要掌握一定的技巧。

李某是一名经营科长。厂里紧缺一部分原料，恰好他和供应此种原料的厂家的一位工作人员有交情，厂里便派他去和那位业务员联系。因为此种原料在当时的国内市场十分紧缺，考虑到有一点难度，厂家便决定给予那位业务员相关报酬。李某因此陷入了两难境地，凭他和那位业务员的交情，开口提钱的确有点太俗套，不说吧，又有些亏欠那个业务员。正在为难时，李某突然想到那个业务员母亲的生日快到了。于是，在业务员母亲大寿那天，李某把业务员拉到一边，说："伯母大寿，我也没什么可送的，这不，我代表我们厂给伯母送来一份薄礼，算是我们的一片心意吧！"那位业务员一听是他们厂出的钱，心里已明白了，便顺水推舟地说："老兄，你们厂真是重情义，兄弟我别的不说，原料方面的事别着急，我会尽我所能办到！"就这样，李某既避免了使双方尴尬，又顺利地办好了想办的事。

如果李某生硬地把钱塞给那位业务员，直说求他办的事，就会使人感到很"见外"，即使当时应承下来，也是很勉强的。所以，在做生意的过程中，换一种说话的角度，效果或许就会随之而改变。

让你的语言具有诱导性

在销售中，销售人员运用一定的语言诱导是很重要的。运用语言诱导的时候，必须强调话语的合适性，确保使用的语言能够达到一定的说服效果。如果语言运用不适，有可能会给客户带来负面的影响。同时，语言诱导不可滥用，一定要恰到好处。

1. 要有目的性地进行语言诱导

在进行语言暗示的时候，必须有一个明确的目的，要有一个所要实现的目标作为指引，不能任意发挥语言，而必须让说服过程中所有的语言指向要完成的心愿。例如，你要说服客户购买你的产品进行减肥，在设计以减肥为目的的暗示语时，必须围绕着减肥进行。你可以暗示客户说："想象一下，使用了这个产品后，你身材越来越好了，你再也不用担心那些热量很高的食物了，你会实现你想要的体重的……"

要想实现暗示的特有效果，必须让设计的说服语言指向一个专有的目的，不可没有目的或是目的不构单一的去进行说服活动。

2. 你的语气一定要带有诱惑性

同样的语言，在一流的销售员口中会带给人强大的暗示和指引，而让普通人说来却显得毫无价值，这就是在说话的过程中，使用了一定的技巧。销售员的目的在于引导客户进入说服中，并且可以毫无防备地接受销售员所施加给他的各种语言暗示，因此，如何让这些有价值的引导语言完全的进入人的意识中，就需要一定的专业经验的积累。

如果在说服中依然使用和平常一样的腔调，甚至依然采用命令性的语气，可能会丧失客户的信任和好感，语气要轻柔且让人感觉到像是一种来自遥远的引导指令，让人们可以在毫无防备的情景下自然地接受这些指令。

3. 诱导用词要具有适当性

在诱导进入说服的过程中，要注意运用合适的时间词，要让这些代表时间的词或短语可以引起人们的注意力，起到较强的效果。如"在决定拥有这件产品之前，你真的想感受一下它的功效吗？"这句话让人将注意力引导到是否要感受产品功效，而且还假设他会试用这件产品。"在你完成这项计划前，我想和你讨论点东西。"这句话假设了你将会完成这项计划。这些合适的时间副词会让人产生不一样的理解力，恰当地运用带有假设含义的语言，如"你打算多快做这个决定？"暗示了你一定会做出决定；"你准备什么时候开始更进一步合作？"暗示了你已经处在合作状态，同时你还要继续合作下去"。

对于一些带有否定色彩的词语，在运用的时候也要根据实际情况酌情使用。如"在你没有做好充分准备前，不要轻易购买"，其实暗示了你一定会购买定，同时暗示一个人去做充分的准备。这种恰如其分的暗示，会让客户对你更信任。

说服语言的运用不是简单地把话说出来就完事了，需要有一定的技巧，以使简单的语言收到更好的效果。也许，在我们试图说服客户的时候，说了一大堆好话都没起作用，而一句一针见血、抓住要害的简单话语则可能收获难以预想的效果，这就在于合适的话语可以带来人们不一般的体验，引起人们心灵上的共鸣。

总之，利用语言诱导对客户进行暗示和说服，必须在实践中融会贯通，灵活运用。只有把握住分寸和尺度，才能实现你想要的效果。

不要忽视电话沟通

打电话已成为我们日常生活和商务交流中最普遍的方式之一，但商务电话与私人电话有很大差别。作为一名营销经理，你每天都要接听很多电话，也要打出无数个电话。与你在电话中进行交流的可能是你的熟人，也可能是一些陌生的顾客。短短一根电话线，有时决定着你事业的成败。

当你打电话或接听电话的时候，你能自如地运用自己的语言吗？你能让对方觉得你诚实可信吗？你能在互不见面的情况下主动驾驭对方吗？作为一名营销经理，你的大部分信息交流和业务都是通过电话来实现的，无论是回答别人的咨询，阐述自己的观点，还是决定一项商业事务或者处理一个令人头疼的电话，掌握打电话的技巧能够有效地防止你进行不必要的交谈，也是节省金钱和时间的有效途径。

电话沟通只闻其声不见其人，要想达成交易比面对面沟通还要难。所以，对电话沟通的技巧要求会更高：

打电话时要简短，而且声音要柔和。保持柔和、轻松的语调，并尽可能用最短的时间表达你的目的，然后结束。如果你遵循这个原则来打电话，别人会很乐意在办公室里接听你的电话。

注意听对方在说些什么。当你接听电话时，不要同时看报纸，或是阅读放在桌上的一篇报告，否则你会错失重要的谈话内容。保持轻松，要有适当的间歇，这样，电话就会很快结束，当然也就愈能称心如意。

不要因突然转身与办公室里的其他人说话，而打断电话。当你料想必是你的电话时，而现在你正与其他人交谈最在意的问题，你应该请别人帮忙去接听。当你约了别人来办公室商谈某事，却在这时候一直打电话，这种举动实在无礼且没效率。

说话清晰明了，不要兜圈绕弯，把你的意思直接传达给对方。

准确说出重要客户的姓名，你可以使用电话记事本记录对方姓名的准确发音，这样会避免回电话时因念错对方的姓名而尴尬。

如果使用免提电话，应该不停地询问对方是否听得清楚你的声音，许多免提电话听上去声音空荡，因此很多人不喜欢使用它，你最好也不要使用。

在电话沟通中，客户的抱怨是营销经理经常遇到的。在电话中妥善处理好客户的抱怨，是营销经理必备的技能。

如果你拖延了交货的最后期限，当用户给你打电话时，你一定可以想象他们是多么生气。这种情况下，你如何既能平息客户的怒气而又能保持自己心平气和地与顾客交谈呢？

一个客户正通过电话向一家大型服装公司的儿童体育用品部经理大发雷霆："你们是怎么搞的？你们保证按时把这批尼龙儿童棒球衫以每件12美元的价格交付我们。在这个星期的销售广告中我们已经作了大力宣传，可是你们公司的那个蠢货却通知我们这批货不符合要求，这下可好，你让我怎么办？"那个经理面红耳赤地坐在那儿听着，后来他说："这个客户没完没了地抱怨，说得我直冒冷汗，于是我也变得十分气愤，但我并不能显露出来。我只好平静地对他说'您能稍等片刻吗？让我想想这事怎么办好'，于是我把话筒从耳边拿开，深深地吸了一口气，然后对自己说'好了，现在应该怎么办？'"

运动衫不符合要求是生产问题，所以站在客户的立场上，这家服装公司是完全没有道理的。因此，这位经理应付顾客的唯一办法就是以最佳方式向他道歉并平息他的怒气。

后来，这位经理又重新拿起电话，先为让他久等而道歉，然后告诉这位客户，公司愿意以一批价格高一些的儿童春季夹克代替那批棒球衫，而且按他们宣传的价格每件只收12美元。并且，他还向那位顾客保证立即装货。

如果每次你都能高效率地结束你的电话，相信你的生意会越做越好。通常，根据打电话的礼节，主动打电话的一方也应主动结束通话。大部分情况下应该尊重这项礼节，但是有时候，主动打电话的人并不懂得这项礼节，因此有时为了打破僵局，许多经理在通话时突然挂断电话，想使对方认为电话断了线，这种方法并不高明，除非对方意识到这是玩笑，否则不会原谅你。

相反，如果你能得体地向对方说再见，会让对方十分满意。或者直截了当地向对方讲明你还有很多事情要做，没有很多时间听他在电话里讲。这时，你只需简单地说："谢谢你打电话来。"

12种销售中最易成交的提问技巧

提问是了解客户最直接最有效的方式。通过提问，你可以获得你想要的信息，了解客户的真正需求，提供他所需要的服务。

以下12种最易成交的提问技巧，在销售中最为常见。如果销售人员能够很好地运用这些技巧，问对问题，找到答案，就没有攻不破的生意难关。

1. 主动式提问技巧

主动式提问技巧是指销售人员通过自己的判断将自己想要表达的主要意思用提问的方式说出来。一般情况下，对这些问题客户都会给予一个明确的答复。

例如：有一家洗发水公司的推销员问："现在的洗发水不但要洗得干净，而且还要有一定的护发功能才行，是吧？"客户回答："是的。"推销员又问："为了能够护发养发就要合理地利用各种天然药物的作用，在洗发的同时做到护发养发，这种具有多种功能的洗发水您愿意用吗？"客户："愿意。"

当然，销售人员接着就可以问他想要知道的问题："这种含有药物的洗发水含有一种淡淡的药物香味，你喜欢吗？"如果客户说他不太喜欢，那么"症结"就已经找到了。

2. 开放式提问技巧

开放式提问技巧是指销售人员提出一个问题后，客户围绕这个问题说出许多信息，不能简单以"是"或者"不是"来回答问题。

这类提问的目的是为了鼓励客户做出较深入、较详尽的回答。如果销售人员提出的问题只有"是"或"否"这样简单的答案，那么，这样的提问就是不恰当的。因为它无法使客户发出更多的信息，也很难使客户真正参与到交谈中来。

例如："你是否听说过我们公司？"这个问题的答案只有"是"与"不是"，而"有关我们公司，你了解哪些情况呢？"这个问题就要好得多。

销售人员要想从客户那里获得较多信息，就需要采取开放式提问技巧。使客户对你的问题有所思考，然后告诉你相关的信息。

提出开放式的问题，并且耐心地等待，在客户说话之前不要插话，或者鼓励他们大胆地告诉你有关信息，收效会很明显。人们对于开放式的问法也是乐于接受的。他们能认真思考你的问题，告诉你一些有价值的信息，甚至还会对你的推销工作提出一些建议，这将有利于你更好地开展推销工作。

3. 封闭式提问技巧

封闭式提问技巧是指客户在回答问题时，用"是"或是"不是"就能使销售人员了解其看法。

销售人员以封闭式问法可以控制谈话的主动权。如果你提出的问题都使客户以"是"或者"不是"来回答，你就可以控制谈话的主题，将主题转移到和推销产品有关的范围里来，而不至于把话题扯远，同时，销售人员为了节约时间，使客户做出简短而直截了当的回答，也可以采用封闭式提问技巧。

开放式问法与封闭式问法得到的回答截然不同。封闭式问法的回答很简单，而开放式问法的回答所包含的信息量多，它的回答也常常出乎提问者的意料。

4. 证明式提问技巧

有时客户可能会不假思索地拒绝销售人员的产品，所以，作为销售人员就应事先考虑到这种情况并相应提出某些问题，促使客户做出相反的回答。比如："你们的冷却系统是全自动的吗？""您公司的仓库很大吗？"

当客户对这些问题做出否定回答时，就等于承认自己有某些需求，而这种需求亟待推销员来帮助解决。

5. 反射式提问技巧

反射式提问技巧也称重复性提问，也就是以问话的形式重复客户的语言或观点。

例如："你是说你对我们所提供的服务不太满意？""你的意思是，由于机器出了问题，给你们造成了很大的损失，是吗？""也就是说，先付50%，另外50%货款要等验货后再付，对吗？"

这类问题的好处在于：第一，它具有检验的作用，即能够用来检验推销员是否真正理解了客户的观点。如果理解有误，客户就会当场指出。第二，鼓励客户以合乎逻辑的方式继续表明观点。第三，它还可以使销售人员对客户的言谈做出适当的反应，可以避免直接向对方表示肯定或否定。第四，这类问题还可以用来减弱客户的气愤、厌烦等情绪化行为。销售人员以问话形式重复客户的抱怨，让客户感到他们的意见已受到重视，其抵触性情绪也就会减弱。

6. 指向式提问技巧

这种提问方式通常是以谁、什么、何处、为什么等为疑问词，主要用来向客户了解一些基本事实和情况，为后面的说服工作寻找突破口。例如："你们目前在哪里购买零部件？""谁在使用复印机？""你们的利润是怎样的？"等。

这类问题的提问目的十分清楚，也比较容易做出回答。通常用来了解一些简单的、宜于公开的信息，不适合用来了解个人情况及较深层次的信息。需要注意的是，在使用这类问题时要表现出对客户的关心，语气不可太生硬。

7. 评价式提问技巧

评价性提问方法是用来向客户了解对某一问题的看法，而且这类问题一般都没有固定的答案。

例如："你觉得小型轿车怎么样？""你认为租与买哪个更合算？""要是增加一些零件存货会怎么样？"等。

评价性提问通常用于指向性问题之后，用来进一步挖掘相关的信息。在很多情况下，客户很可能不愿意对某个问题发表意见。这时，销售人员就应该使用间接评价性的问题。间接评价性问题要求客户对第三者的观点做出评价。如"有报道说，××牌电梯在消费者中信誉很高，你认为它在客户中受欢迎吗？"

8. 细节式提问技巧

这类提问的作用是为了促使客户进一步表明观点、说明情况。但与其他提问方式不同的是，细节性问题直接向客户提出请求，请其说明细节性问题。

例如："请你举例说明你的想法？""请告诉我更详细的情况，好吗？"

9. 损害式提问技巧

这种类型的提问，其目的是要求客户说出目前所使用的产品存在哪些问题，最后再说服客户来使用你的产品。

例如，一位复印机推销员问潜在客户："听说你们现在使用的这种复印机复印效果不太好，字迹常常模糊，是吗？"

显然，这类问题极具攻击性，如果使用不当，也会引起客户的反感。所以，在提出这类问题的时候，一定要注意措辞和语气的委婉，并要考虑客户的承受能力。

10. 结论式提问技巧

这种提问是根据客户的观点或存在的问题，推导出相应的结论或指出问题的后果，诱发出客户对产品的需求。这类提问通常使用在评价性问题和损害性问题之后。

例如，复印机推销员在客户对损害性问题肯定之后，可以接着使用结论性问题："用这样的复印机复印广告宣传材料，会不会影响宣传效果？"

11．选择式提问技巧

销售人员应该将产品可能引起的异议进行分类，让客户自己从中选择一个或几个。

例如，推销员可以问客户："您好，我们的产品有哪些问题让您觉得不太符合你的需要呢？是样式、体积、重量还是口味……"

12．建议式提问技巧

销售人员应该主动对客户提出购买相关产品可以获得的相关利益，并给出一些良好的建议，以刺激客户的购买欲望。

比如，童车推销员就可以这样问他的顾客："请问您买这辆小车是给几个月的婴儿睡觉用还是给一两岁的婴儿坐着用？"或是问："您买这辆车是愿意让小孩骑三轮车稳定些，还是要让他（她）练习一下骑两轮单车的技巧？"短短的一个问题既赢得了客户的信任和认同，又巧妙地说出了该产品的多种功用，从而给客户留下了良好而又深刻的印象。

第13章

说话到位，管理不累：卓越领导的说话艺术

对于领导者来说，好口才就是一种成功的资本。领导有没有水平，主要表现在说话上。说话水平直接影响着领导者的威望。拥有好口才的领导，使人尊敬，受人爱戴，得人拥护。

能够成功与人交流和沟通的领导，其人际关系更融洽、更广大，人气上也会占据绝对优势。

领导说话艺术的基本要诀

领导是激励手下的核心人物，也是决定企业胜败的关键因素。其特殊位置决定了领导必须具有较高的技能与素质。而在这些综合素质中，口才艺术是重中之重。领导者口才的优劣，直接决定着管理工作的成效。同样是领导，同样是讲话，有的人讲话分量重，有的人讲话分量轻，这就是讲话方式所造成的差异。讲话的方式，对一个领导者而言，十分重要。

古今中外，那些代表着国家、肩负着民族重任的大人物们机敏睿智、伶牙俐齿、巧发奇中、一言九鼎。为维护国家、民族的利益，或游说、或劝谏、或答辩、或谈判、或演讲、或辩论，均以口才导航政治风云，左右形势变幻。凭借好口才可以化干戈为玉帛，挽狂澜于既倒。

口才是领导思维和智慧的运载工具，是领导权力和责任的表现手段，而且也是一名领导必须具备的能力和素质。因此，领导必须善于驾驭自己的口才，才能在工作中左右逢源，大显身手。

通常良好的领导口才具备以下几点特征。

1. 言简意赅，一字千钧

如果不是特殊需要，作为领导，讲话一定要言简意赅。会长话短说的领导，很容易得到下属的认可和喜爱。某君写了很多封应征信，填了很多很多张申请表，一一寄出，均如石沉大海。不料得着一张回邮的回复，仅有"某时面谈"简简单单几个字，他一定终身忘不了这张简短的回邮。

2. 重点置之于后

舞台上最后出场的角儿，便一定是最重要、最顶尖儿的人物。其实说话也一样，越将重点放在后面，越能显出所说的话的重要性。

3. 有自己的个性语言风格

一般领导人都有自己的习惯用语，即口头禅，口头禅是人们常挂在嘴边的口头语，总是以这句话来介绍自己，来强调自己，使别人听来亲切自然，也为自己树立了一个独特的形象。

4. 幽默风趣

幽默的话，易于记忆，又能给人以深刻印象，正是自我标榜的商标，借此可以使人们记住你，并使你的话产生更大的力量。

5. 通俗易懂

选择什么线索来整理说话内容，可看需要而定。要注意通俗易懂，忌讳古词语、中国洋文、专业用语。至少要吐字清晰，语速适当。

6. 坚定自信

说话时要坚定而自信，眼睛正视对方，这样才显示你是充满自信和颇有能力的。若讲话时眼睛不敢正视，握手软弱无力，会使人觉得你意志薄弱，容易支配。

7. 姿态端正，手势有力

开口说话时端正姿态，给听者留下一个好印象。与别人谈话时，身体稍往前倾，会让别人更容易接受你的意见。

作强调时运用手势，但不可指着别人的脸晃动手指。讲话慢而清晰，语言简短，等于告诉对方："我有能力控制一切。"

8. 关注听众

注意对方的眼睛。研究显示，一个人紧张，目光会游离不定，而且眨眼次数增加。注意对方的小动作，一个人可以做到喜怒哀乐不形于色，但他的小动作会透露他的心情。例如你在谈话时发现对方的腿在轻轻晃动，这表示他对你的话不以为然。

9. 扩大知识面

知识面越广，谈话的含量也会越丰富，也越能令你在各种场合充满自信地加入别人的谈话。

除此之外，你还要注意行动轻捷，笨手笨脚对你的形象损害最大。穿着上要整洁，避免刺眼的色彩和繁复的配饰，保持干净、挺括。并要注意身姿，含胸显得畏缩，昂首挺胸可以创造出你居于领导地位的形象。

主持会议的艺术

主持会议是任何领导都必不可少的工作之一，会议是上下交流的机会，是领导发出信息并接受反馈的机会，是实施管理的主要工具。因此，有效地主持好会议，是领导说话水平的一个重要方面，也是领导的一项基本功。

首先，会议是为实现某种目的服务的一种重要的形式，要有明确的议题和清晰的程序。会前，把你要讲的事情列成提纲，保证会议沿着你的思路一步步进行下去，这实际上就是会议进程的程序。要牢记你希望大家会后知晓的思想及中心议题。你的主持要围绕这一主题。

其次，会议总是在一定的环境中进行的。会议的顺利进行有赖于良好气氛的营造，精彩的开场白可以使与会者感到要讨论的是与人们切身利益相关的问题或是大家共同关心的问题，这样就能刺激与会者的兴奋点和吸引其注意力，充分调动各种积极因素，将会议导向圆满成功。开场白要陈述的包括会议主题、目的、意义、议程和开法等必不可少的内容，但这绝对不是要圄于程式，不加以变通，而是要根据实际，因境制宜，灵活安排。

最关键的是，领导者要想成功地主持会议，必须具备敏捷的思维能力、灵巧的口头表达能力、高超的应变能力。有这样一个故事：

一次，张主任召集单位人员全体开会，当时会场比较嘈杂，听众情绪还未安定。张主任这样开头了："有个笑话说，张飞和关羽参加一次刘备召开的军机会议，当时大家正交头接耳，刘备无法讲话。张飞说：'哥，看我的。'于是他用在长坂坡喝退曹军的大嗓门吆喝一声。结果大家没有平静下来。关羽说：'小弟，你那手不行，还是看我的。'于是，他便坐在刘备的位子上，捋须凝目，似有所思。这下子大伙儿觉得奇怪，倒安静下来了。其实，这只是个笑话，刚才大家交头接耳，现在为什么静下来了？这个问题留给大家思考，我今天所要讲的主要内容是……"

生动贴切的故事，立刻引起了听众的注意，会场很快安静下来了。

还有一次，情况正好相反。张主任要讲话了，会场气氛太严肃，跟讲话的内容不协调。为把气氛搞活跃些，张主任又做了这样的开头："有个善于演讲的人总结了一条经验，要调动会场情绪，只要注意看两个人：一个是看长得最漂亮的，看着这个人，可以使你讲话更有色彩；第二个是要注视会场上最不安定的那个听众，镇住他，使你讲得更有信心。我想学习这个方法，可咱们这儿长得漂亮的、英俊的有100个，可是没有发现不安定的听众，这可叫我难办了……"

张主任巧借环境，用风趣幽默的开场白来缓和、调节气氛。使大家的情绪得到缓解，全场气氛不再紧张。

最后，会议的类型多种多样，不同会议所需的语言也要有所不同。

征求意见的会议要求各方畅所欲言，集思广益，需要的是生动、热烈的场面；研究解决问题的会议需要的是严肃、庄严的气氛；欢迎会上语言要热情洋溢；欢送会上，言语中就要流露出依依惜别之情。

总之，适当的会议主持语言要营造会场气氛，调动人们的情绪，而不是靠大喊大叫、粗声厉气管理会场。

提高威望的谈话艺术

领导者的语言对维护领导者形象，树立领导者威信有着重要作用。领导者如何用自己的语言来赢得足够的威信，是领导语言艺术的一个关键问题。

得体的语言对于任何讲话者的形象都非常重要，对于领导而言更是如此，如果能使得语言与领导的其他素质配合得当，就会使领导的形象更加完美，更加令人信服。

据一项调查显示，被列举的各类受尊重和有威望的领导中，和蔼可亲、平易近人是共同的特点，被接受调查的人，百分之百持这种看法。坦率真诚，向下级善意地表示接近的良好愿望，使下级感到受尊重、被重视，不仅会激发被领导者的积极性，还使大家对领导的思想修养、工作作风、领导意图有所了解，下级对上级习惯性的心理距离由此逐渐缩小，领导的威望自然应运而生。

领导如何用谈话获得威望呢？

1. 给下级最大的礼遇

谁都希望自己的价值被认识肯定，才干得以发挥。知人善用，任人唯贤，了解下属的长处与弱点、爱好和脾性，不求全责备，用其所长，略其所短，充分发挥他们的聪明才智，是领导者对被领导者的最大礼遇。

2. 关心下属也是修养

领导者对下属的关心，不能看成仅是工作方法。关心他人与否能反映一个领导者的道德、情感、修养。优秀的领导者即使工作再忙，也抽出时间来与被领导者聊聊天，了解大家的生活情况、思想情绪、遇到的实际困难，必要地给予帮助；自己的工作、生活有哪些忧愁烦恼、收获快乐，也不妨吐露，使别人了解。即便是无目的的闲谈，也可表示与下级融为一体的意愿，从而使上下级之间的心理距离缩短，下级会把上级当作朋友来信任，相处起来便无多少隔阂。

3. 不分亲疏同等对待

个人交往，难免有亲疏之分，有的脾性相投，有的话不投机，但将私交中的亲疏关系掺进上下级关系中，就会破坏上下级关系。作为领导者，一方面代表他个人，一方面又代表一定的权力机构，在上下级关系中也表现出亲疏，就会有失公正，伤害一部分人。无论下级与自己个人感情亲近与否，私人和工作中的关系怎样，是否反对自己，都要在工作上给予一样的支持，生活上给予一样的关心。有些领导喜欢迎合讨好者，讨厌爱提意见者，殊不知，前者往往抱有个人目的而非出于对领导的尊重，后者则大多出于公心想帮领导者把大家的事办好，当然不一定非对前者严加斥责，委婉地给予回绝则很必要。

4. 给下级一种安全感

工作时胆战心惊，唯恐哪一天触犯领导，或者有了错误承担不该承担的责任，被这种心态笼罩的下级，工作积极性不会很高，上下级之间的人际关系也不会融洽。

当下属在工作中遇到挫折失败，特别是这种挫折失败由客观原因造成时，领导者应勇于承担责任。将责任全部推给下级，甚至自己的责任也找"替罪羊"，这样的领导会失去群众，谁也不会愿意在他的手下干事。对顶撞过自己，反对过自己，甚至犯过错误的下级怀恨在心，或者嫌弃、给小鞋穿，有失领导者的风度，也会给下级造成不安全感。宽容、谅解，体现了一个人的高度修养，也有利于取得信任、尊重。若能虚心听取下级意见，重视采纳合理的建议，对不尽正确的意见也抱欢迎态度，会增进上下级间的了解，消除隔阂，增加领导威望。

座谈的艺术

所谓座谈，就是召集若干人，就某一专题或某几个专题进行讨论，以收集各种意见和建议，为领导者的决策和工作提供参与依据。长期以来，座谈这种形式就在我国的各个领域内发挥着重要的作用。一般来说，召开座谈会有四个主要目的：一是通过会议的形式传递信息；二是通过座谈征求对于某项决策的意见；三是评论解决某个问题有何方法；四是提出新设想，引导大家提出新观点和意见。为了顺利地实现这些目的，座谈双方都要畅所欲言，充分交流。而领导者由于是会议的发起人和主持人，对座谈会成败负有重要责任，所以讲话时更需要讲究艺术性。

1. 创造平等相待的气氛

座谈要达到目的，需要双方真诚的投入，而这必须建立在平等的基础上。如果领导者高高在上，对于群众的呼吁不闻不问，或者只是以座谈会作为装点门面、显示民主的工具，甚至以主人的姿态强迫命令，则不仅不能达到座谈效果，反而会引起下属的反感。久而久之，必然损害领导者的威信和工作的绩效。因此，领导者必须牢记：下属与自己之间是平等的。召开座谈会也正是为了请教他们的意见和想法。

2. 讲出真诚热情的话语

讲真话，是座谈时领导者使用语言的又一项基本要求。下属往往会把座谈当成一次了解领导意图、反映自己心声的机会，希望借此机会了解工作部署，解决实际问题，提出自己的创见，同时也对领导者进行民主监督。因此，要求领导者必须言之有理，持之有据，不刻意渲染成绩，也不隐瞒回避问题。实际情况怎么样，就说成怎么样，一是一，二是二。只有这样，才能言重于山，取信于人。另一方面，为了调动起座谈者的积极情绪，领导者的话语要有一定的"温度"。热情暖人心，热情洋溢的话语使下属感到一种宽松、积极的气氛，更愿意敞开心扉。

3. 避免过于激烈的争论

座谈过程中毫无疑问地会出现争论，而且召开座谈会的目的之一，就是为了通过面对面的交流，协调不同的意见，求得最佳的方案。保持一定程度的争论将有助于保持座谈的热烈气氛，不会出现冷场的情况。但是过于激烈的争论容易导致一种敌对情绪，进而阻碍双方继续的交流，甚至制造出新的矛盾。因此，应该防止出现这种现象。

有些时候，座谈会会成为发泄私人恩怨的最好场合，更会有人利用它来给部门、单位的工作制造麻烦。领导者更易成为恶语中伤的对象。这种时候，是勃然大怒，还是冷静下来，泰然自若地应付就看领导者的涵养了。

即席讲话的艺术

有时，领导者会以与会者的身份被邀请作即席讲话。应当说这是群众出于对领导的信任，准备认真地听一听你的意见。千万别把它看成是"赶鸭子上架"，恰恰相反，这是领导者随机应变能力与分析总结问题水平的大好时机。精彩的发言，可以收到"一石激起千层浪"的效果，令听众动容，同时树立起领导者的个人威信，令下属生出由衷的钦佩之情。

1. 做好准备

有些领导认为即席讲话就是临场发挥，不要做什么准备，一上来便先"啊"一阵儿，然后便是"今天我本来不打算讲，既然让我说，我就随便讲几句话"，随后便侃侃而谈，既无话题，又无观点，简直是没话找话说，短话长说。人们会问"他到底在干什么？"虽然是即席发言，仍可以做准备。一般来说会议的议题会事先通知领导，某些相关资料也会发到其手上，这些都为发言划定了一定范围，对要讨论的内容心中有数，就不至于闹出南辕北辙的笑话。

2. 明确话题

领导者在开口前，略加思索，尽可能选择合适的话题，这对即席讲话的成功是十分重要的。在讲话的全过程中，围绕话题展开，就不会信口开河，前言不搭后语。选择话题，总的来说要审时度势，紧扣会议主题，根据会议进行的情况合理取舍。

3. 实事求是

"实事求是"是即席讲话的一个基本原则，作为领导者说话要尊重事实，保证自己选用的材料都是翔实、准确的，才能获得听众的信任，收到预想的效果。

4. 言简意赅

即席讲话时间都不长，多则五六分钟，少则两三分钟；内容相对集中，一次只说一个问题，力求说深说透。许多人并不明白精练的重要性，几分钟可以讲完的内容偏要洋洋洒洒地谈上半天，如同温斯顿·丘吉尔对他儿子兰道尔夫的性格所作的评价一般："他空有一门大炮，却没有多少弹药。"只要把自己想要表达的意思说清楚，讲透彻，不必长篇大论，一样会给人留下深刻的印象，这正是"言简意赅"的精妙所在。

5. 通俗易懂

讲话要让人听懂，这是对发言者的基本要求。讲话人若是板着脸孔，卖弄辞藻，用一些艰涩的语汇和听众捉迷藏，只会令听者敬而远之。这样的讲话无异于浪费时间，在讲话过程中，力求用最通俗易懂、生动形象的语言来表达自己的意思，这样，听众觉得很轻松很亲切，而发言者所讲的道理也易于被人们理解和接受。

6. 先声夺人

领导者发言，能不能一开始就抓住听众，往往决定着整个讲话的成败，好的开场白就像一个出色的导游员，一下子就可以把听众带入讲话者为他们拟设的胜境；好的开场白是演讲人奉献给听众的一束多姿多彩的花朵；好的开场白最易打开局面，便于引入正题。因此，开场白应尽量避免平铺直叙、平庸无奇，而要努力做到不落俗套，语出惊人，这样才能出奇制胜，先声夺人。

与下属沟通的艺术

领导与下属谈话不是朋友之间聊天，如果与下属谈了1小时的话都没有说出一句有决策感的话，那这场交谈就是无效的。

一个没有主见、被人左右的领导无法得到下属的尊敬与服从。所以领导必须维护自己的威信，好的领导在与下属交谈时，应摆出兼收并蓄，取长补短、互相切磋、求同存异的姿态。碰到情况不是忙于下结论，忙于批驳对方，而是以姿态低调，但主导性很强的话说出自己的看法，比如：

"你的意见还是不错的，但是如果换一个角度看，会怎么样？比如……"

"我的想法和你不同，我们可以交换一下意见好吗？"

"嗯，让我考虑一下，我们可以明天再谈这个问题。"

这样的话语不失威严而且易于被部下接受。

领导者的威信可以在平时的说话中得以体现，对于自己权限范围内可以决定的事，要当机立断，明确"拍板"。比如车间工人上班经常迟到早退，不听调配。对于这种违反纪律的行为就应果断决定"停止工作，等岗留用。"如果下属向领导请示某动员会议的布置及议程，领导认为没有问题，就可以用鼓励的委婉语调表达："知道了，你看着办就行了。"这种表述既给了下属支持与鼓励，也给了下属行动的权力。

在与下属谈话时，应该让下属充分地把意见、态度都表明，然后再说话。让下属先谈，这时主动权在领导一边，可以从下属的汇报中选择弱点追问下去，以帮助对方认识问题，再谈自己的看法，这样易于让对方接受。让下属先讲，自己思考问题，最后决断，后发制人，更能有利于表现领导的说话水平。

1. 激发员工讲话的愿望

谈话是领导和员工的双边活动，员工若无讲话的愿望，谈话难免要陷入僵局。因此，领导首先应具有细腻的情感、分寸感，注意说话的态度、方式以至语音、语调，旨在激发员工讲话的愿望，使谈话在感情交流的过程中完成信息交流的任务。

2. 启发员工讲实话

谈话所要交流的是反映真实情况的信息。但是，有的员工出于某种动机，谈话时弄虚作假，见风使舵；有的则有所顾忌，言不由衷。这都使谈话失去意义。为此，作为领导者一定要克服专制、蛮横的作风，代之以坦率、诚恳、求实的态度，并且尽可能让对方在谈话过程中了解到：自己所感兴趣的真实情况，并不是奉承、文饰的话，消除对方的顾虑或各种迎合心理。

3. 利用一切谈话机会

谈话分正式和非正式两种形式，前者在工作时间内进行，后者在业余时间内进行。作为领导，也不应放弃非正式谈话机会。在无戒备的心理状态下，哪怕是片言只语，有时也会有意外的信息。

4. 利用谈话中的停顿

员工在讲述中出现停顿通常有两种情况，须分别对待。第一种停顿是故意的，它是员工探测一下领导对他讲话的反应、印象，引起领导作出评论而做的。这时，领导有必要给予一般性的插话，以鼓励他进一步讲述。第二种停顿是思维突然中断引起的，这时，领导最好采用"反响提问法"来接通原来的思路。

5. 抓住主要问题

谈话必须突出重点，扼要紧凑。一方面，领导本人要以身作则，在一般的礼节性问候之后，便迅速转入正题，阐明问题实质；另一方面，也要员工养成这种谈话习惯。要知道，多言是对信息实质不理解的表现，是谈话效率的大敌。

6. 掌握评论的分寸

在听取员工讲述时，领导不应发表评论性意见。若要作评论，应放在谈话末尾，并且作为结论性的意见，措辞要有分寸，表达要谨慎，要采取劝告和建议的形式，以易于员工采纳接受。

7. 适时表达对谈话的情趣和热情

正因为谈话是双方活动，一方对另一方的讲述予以积极、适当的反馈，能使谈话者更津津乐道，从而使谈话愈加融洽、深入。因此，领导在听取员工讲述后，应注意自己的态度，充分利用一切手段——表情、姿态、插话和感叹词等，来表达出自己对员工讲话内容的兴趣和对这次谈话的热情。在这种情况下，领导者的一个微笑、一个点头，充满热情的一个"好"，都是对员工谈话的最有力的鼓励。

8. 克服最初效应

所谓最初效应，就是日常所说的"先入为主"，有的人很注意这种效应，并且也具有"造成某种初次印象"的能力。因此，领导在谈话中要持客观、批判性的态度，时刻警觉，善于把做给人看的东西，从真实情形中区分出来。

9. 克服自己，避免冲动

员工在反映情况时，常会忽然批评、抱怨起某些事情，而这在客观上又正是在指责领导。这时领导要头脑冷静、清醒，不要一时激动，自己也滔滔不绝地讲起来，甚至为自己辩解。

调解下属纠纷的艺术

下属之间发生纠纷，势必影响工作，此时，作为领导应及时出面调解。调解纠纷是一门艺术，是协调人与人关系的艺术，也是教育人、团结人的艺术。善于调解纠纷是领导者必备的基本功。

1. 周密调查、认真分析

"没有调查就没有发言权。"要调停纠纷，首先得做周密的调查，既要了解纠纷的起因、经过、现状和趋向，又要了解各方的观点、理由、要求和动向。通过调查分清纠纷是"公务型"还是"私愤型"，是无原则纠纷还是原则冲突，是认识上的分歧还是利益上的对立。经过分析，抓住纠纷的本质，以便得出正确的结论。

2. 坚持原则，以理服人

调解纠纷，忌带私心。领导者应该依据事实，对照政策，力求公正无私，以理服人。

3. 因势利导，因人而异

该方法主要有以下几种：

（1）春风化雨法。既要"春风熏得游人醉"，说些好听的，又要不失时机地"料峭春风吹酒醒"，使纠纷双方对你心悦诚服。

（2）含糊处置法。在某些特定条件下，对一些无原则的纠纷，可"各打五十大板"，采用此法使纠纷双方受到批评、教育和处分，让其从噩梦中醒来，以维护团结。

（3）情感感化法。在调解纠纷的过程中，为缓和矛盾，避免大的冲突，让一方采取高姿态去感化另一方，实施"将相和"。采取此法的前提是，纠纷一方尽管有一时之感，但觉悟较高，一经点拨，便能识大体，顾大局。另一方虽然一时八匹马拉不回头，但也并非顽石一块。

（4）单刀直入法。对不太复杂的纠纷，可把当事人一起召来，当面锣，对面鼓，把矛盾揭开，"打开窗户说亮话"，当场解决。

（5）缓机处理法。如果调解时机还不成熟，不妨暂缓一步，待以后择机行事。但这必须是纠纷已经处于比较稳定的状态，暂缓处理不会出问题。

（6）高温加热法。对当事双方在批评、教育、晓以大义的基础上，采取行政手段或组织措施，限期他们改正、和解。且可采取民主会诊、责令检查、通报批评等方式。采用此法，应考虑当事人的心理承受能力，不能盲目"加温"，以免"欲速则不达"，出现意料不到的问题。

（7）侧面入手法。有时纠纷复杂，问题棘手，正面强攻难以奏效，此时，应灵活机动地从侧面入手，迂回前进。或让对当事人极有影响力的人去做工作，"一把钥匙开一把锁"。

（8）似退实进法。有时为了缓和矛盾，顾全大局，在说清理由之后，可对纠纷双方的要求做些不损害大原则的妥协和让步。

（9）回避让路法。在处理纠纷时，如因调停者措施不妥，而使调解工作陷入僵局时，调停者要从大局利益出发，主动回避让路，由领导班子中的其他人出面调停解决问题。

（10）彼此退让法。通过协商，迫使矛盾双方各自退让一步，达成彼此可以接受的协议，但应注意公平、公正、公开的原则。这种方法是调解下属纠纷最常用也是最有效的方法。

肯定和赞扬下属的艺术

领导者对于下属取得的成绩，要及时给予肯定和表扬，这符合管理中激励原则的要求。适当的表扬能使下级更深刻地理解上级的指示，并通过对其成就感的满足，使其更加相信自身的能力，而且能够激发下属之间的良性竞争，营造一种积极向上的工作气氛。但是，好话好听，却未必好说，要艺术地说出表扬的话，难度是相当大的，但有一些基本的原则则值得揣摩和借鉴。

1. 实事求是，措辞适当

下级在工作中完成了目标，取得了成就，当然应给予适当的肯定和表扬，但如何把握其中的度，则应予以考虑。如果不适当地高估下属的成绩，人为地赋予成绩本身不具有的意义，乃至流于庸俗的捧场，那就会产生一系列负面作用；会使受肯定和赞扬的下级产生盲目自我陶醉的情绪，自以为成就真的具有那么高的意义和价值，损害了励精图治的开拓意图；会使其他下级产生不满情绪，对于人为树立起来的名不副实的样板，同事们会从不服气到猜忌，进而产生厌恶感，不仅不能起到示范作用，反而影响下属之间的团结；会使下级中间滋生不务实、图虚名的不健康风气，当下级看到小有成就也可得到极高的赞扬，便会动摇脚踏实地、孜孜以求的信心，难免产生浮夸、造假、沽名钓誉、邀功讨赏，从而使本来作为一种激励手段的表扬异化为下级心目中的目的，其本来的意义被极大地扭曲。因此，肯定和表扬下级的语言，决不可套用滥调，任意拔高，"惟陈言之务去"应当是一条基本要求。

2. 真诚恳切，具体深入

美国著名心理学家威廉·詹姆士说："人类本性上最深的企图之一是希望被赞美、钦佩、尊重。"渴望被肯定是每个人内心的一个基本愿望。所以，当我们生活在社会当中，要想在自己身边形成一种善意和谐的气氛，就应当去努力寻找别人的价值，并设法告诉对方，这也正是肯定别人的意义所在。适时适当地表扬下级，也正是基于这样的目的。

值得重视的是，这种赞美和表扬只有是发自肺腑的情真意切之辞，才能发挥出最大的效力。虚伪与委婉，不着边际地套用一些溢美之词，难免产生负面作用。但在现实生活中，有些领导者对于下属所取得的出色成绩和表现出的不俗才华，却往往抱有一种极其微妙甚至阴暗的心态，比如害怕优秀的下属会危及自身的地位，对与自己意见相左的下属的缺点缺乏宽容，不肯承认其成就；或者低估下属的能力，一旦他们卓有成就便莫名惊诧，难以接受。

3. 全面分析，扬长论短

古话说："声一无听，色一无文。"下属取得了成绩固然可喜可贺，但单一地强调成绩往往不能起到增进认识的作用，而且还有可能滋生下属的骄傲自满情绪。事实上，正如瑕瑜互见的道理一样，任何长处都与某种短处相连，绝对肯定和绝对否定一样都是有害的。领导越是在常人不易察觉之处，独具慧眼地发现下属的长中之短，那么，领导的威信和可信赖度就越高。而在表扬的同时给以适当的意见，既会使下属在心理上更容易接受，又使赞扬的话语显得刚柔并济。某经理在其辖区内，通过积极地工作争取到一批新客户，成绩斐然，但是与此同时，一批老客户正悄悄流失却未曾引起他的重视。总经理了解到这一情况之后，把他叫进办公室说："××，你最近干得不错，业务上有了很大的拓展，客户数量正在迅速增加，我对你感到满意。"这位经理感到很高兴，立即表示了要进一步搞好工作的决心。这时，总经理不失时机地提出："对了，有件事想请你注意一下，有一批老客户最近很少与公司来往，不知是什么原因。"这位经理立即答允进行调查处理，很愉快地接受了这一任务。这样的表扬就使下属始终保持着动力和压力，心情畅快地完成工作。

4. 注意技巧，方式多样

任何一种表达方式，如果千篇一律毫无变化，或者过于直接，往往产生负面作用。赞扬也是一样，不能永远都是"你干得不错"这类的陈词滥调。有时候同一种意思换个表达方式，往往产生完全不同的效果。这里提供几种基本的赞美方法。

（1）对比性的赞扬。就是把赞扬对象和其他对象比较，以突出其优点。这种方法能给人一种很具体的感觉。"有比较才有鉴别"，正说明了这个道理。但也正因为如此，从另外一个角度看，它会产生一个负面作用，从而容易引起人际关系的矛盾，所以在比较时，就不应用贬低来代替赞美。例如两个学生各拿着自己的一幅画请老师评判，老师若对甲说："你画得不如他。"乙也许比较得意，而甲一定不悦，不如对乙说："你画得比他还要好。"乙固然高兴，甲也不至于太扫兴。

（2）断语性的赞扬。就是给被赞扬者一个总结性的良好评价，语气要以肯定判断的形式表示。实际上，对别人的工作进行肯定就是一种赞扬。但是由于这种赞扬是较为全面的、总结性的评价，所以容易抽象，而且领导者也会给人一种高高在上的感觉，因此，一般要与其他方法结合使用。

（3）感受性的赞扬。就是领导者就某一点表示自己的良好感受。因为，他陈述的只是赞扬的感受，不受其他条件的限制，所以这种形式能充分发挥出赞扬的优势。实施这种赞扬有两个步骤：一是把被赞扬者值得肯定的优点"挑出来"；二是让被赞扬者知道你对他的优点很满意。这样，赞扬的作用就自然而生，而且令人信服。

批评和指责下属的艺术

人非圣贤，孰能无过？在日常工作之中，下属的工作常常会出现某些偏差和错误。从哲学的高度而言，各种主客观原因的存在使得错误难以完全避免。问题的关键在于，出现错误并不可怕，但必须及时加以改正。

但是囿于外部条件的限制，下属自身往往难以觉察到这些错误，这时领导就必须及时提出批评，来拨正航向，纠正偏差，保证工作目标的顺利实现。

由此可见，领导适时而恰当批评下级不仅是必要的，而且也是很重要的。那种毫无原则，恣意放纵下属的做法，与科学的领导方法是背道而驰的。但是，与赞扬下级时一样，如何把批评的话说得有水平，既达到效果又避免矛盾的激化，就是我们所要面对的问题。

1. 切忌恶语伤人

任何团体中，当员工犯下不可原谅的错误时，作为领导无可避免地要对其加以斥责。但是每个人都有自尊心，批评应是在平等的基础上进行的，态度上的严厉不等于言语上的恶毒，切记只有无能的领导才去揭人疮疤。因为这种做法除了勾起一些不愉快的回忆，于事无补，而且除了让被批评者寒心外，旁观者也一定会不舒服。因疮疤人人都有，只是大小不同，见到同事的惨状，只要不是幸灾乐祸的人，都会有"兔死狐悲，物伤其类"的感觉。更何况，批评的目的是搞清问题，而不是搞臭下级。而且恰当的批评语言，还牵涉到一个领导的心胸和修养问题，绝不能以审判官自居，恶语相向，不分轻重。

2. 切忌捕风捉影

上级批评下级，责任要分清，事实要准确，原因要查明。从实际出发，弄清事情的本来面目，找出问题的原因，恰当地分清责任，这样的批评有理有据，既不夸大，又不失察，下级当然口服心服了。所以，上级批评和否定下级，必须以事为依据，以政策为准绳，不能随心所欲，更不能以感情代替原则。这就要求领导者必须心胸豁达，最忌讳神经过敏、疑神疑鬼、听信流言、无中生有。

3. 切忌喋喋不休

批评的质量与其数量之间，并不存在正比的关系，有效的批评往往能一针见血地指出问题的实质，使下属心悦诚服，而絮絮叨叨的指责却会增加下属的逆反心理，而且即使他能接受，也会因为你缺乏重点的语言而抓不住错误的症结。

而严重的是，有些领导似乎就是喜欢"痛打落水狗"，下属越是认错，他咆哮得越厉害。这样的谈话后果会是怎样的？一种可能是被批评者垂头丧气，另一种可能则是挨骂下属认为自己已经认了错，领导还要抓住不放，实在太过分了。这时性格怯懦者会因此丧失信心，较刚强者则说不定会愤怒起来。显然，领导这么做是不明智的。